改訂5版

宅建業免許 登録の手続

監修●国土交通省総合政策局不動産業課
　　　不動産流通適正化推進室
編著●宅地建物取引業免許制度研究会

大成出版社

目　次

1　免許手続の概観 ……………………………………………………………………… 1

(1)　宅地建物取引業の免許 ………………………………………………………………… 1
　① 　宅地建物取引業の範囲 …………………………………………………………… 1
　② 　宅地建物の対象範囲 ……………………………………………………………… 1
　③ 　免許の区分 ………………………………………………………………………… 1
　④ 　免許の有効期間 …………………………………………………………………… 2

(2)　新規免許申請から営業開始への手順 ………………………………………………… 3

(3)　免許の基準等 …………………………………………………………………………… 3
　① 　免許の欠格要件 …………………………………………………………………… 3
　② 　免許要件等の審査 ………………………………………………………………… 4

2　様式と記載例 ……………………………………………………………………… 10

＜宅地建物取引業免許関係＞ …………………………………………………………… 11

＜営業保証金供託済届出等関係＞ ……………………………………………………… 47

＜宅地建物取引主任者登録関係＞ ……………………………………………………… 49

＜案内所等の場所（業法第50条第2項）届出関係＞ ………………………………… 65

3　参照条文 …………………………………………………………………………… 69

・宅地建物取引業法〔抄〕（昭和27年法律第176号） ………………………………… 69
・宅地建物取引業法施行令〔抄〕（昭和39年政令第383号） ………………………… 80
・宅地建物取引業法施行規則〔抄〕（昭和32年建設省令第12号） …………………… 81
・宅地建物取引業者営業保証金規則〔抄〕（昭和32年法務・建設省令第1号） ……… 92
・宅地建物取引業保証協会弁済業務保証金規則〔抄〕（昭和48年法務・建設省令第2号） ………… 94
・宅地建物取引業法の一部を改正する法律の施行について（平成7年建設省経動発第53号） ………… 96
・宅地建物取引業法の一部を改正する法律及び宅地建物取引業法施行規則の一部を改正する省
　令の施行について（平成7年建設省経動発第54号） ………………………………… 98

- 宅地建物取引業法の一部を改正する法律、宅地建物取引業法施行令の一部を改正する政令及び宅地建物取引業法施行規則の一部を改正する省令の施行について（平成 8 年建設省経動発第23号） ････････99
- 宅地建物取引業法施行規則の一部を改正する省令の施行等について（平成 9 年建設省経動発第128号） ････････105
- 宅地建物取引業法の解釈・運用の考え方について〔抄〕（平成13年国土交通省総動発第 3 号）････････107

◎ **全国市区町村コード表** ････････114

免許手続の概観

(1) 宅地建物取引業の免許

① 宅地建物取引業の範囲

宅地建物取引業（以下「宅建業」）を営もうとする者は、宅地建物取引業法（以下「業法」）の規定により、国土交通大臣または都道府県知事の免許を受けることが必要である。

ここでいう宅建業とは、「宅地または建物の売買」、「宅地または建物の交換」、「宅地または建物の売買、交換または貸借の代理」、「宅地または建物の売買、交換または貸借の媒介」を「業として行う」ことをいう。

すなわち、免許を必要とする宅建業とは、下表の行為を社会通念上事業の遂行とみることができる程度に行う状態をいう。

区　分	自　己　物　件	他人の物件の代理	他人の物件の媒介
売　買	○	○	○
交　換	○	○	○
貸　借	－	○	○

② 宅地建物の対象範囲

業法では宅地および建物の取引を適用対象としており、その範囲を「宅地」については、

ア．建物の敷地に供せられる土地（地目が宅地となっているものに限らず、農地、山林であっても該当し、用途地域内外を問わない。）

イ．用途地域内の土地（ただし、道路、公園、河川、公共の用に供せられる土地を除く。）

と定義されている。

また、「建物」については、業法上、その範囲を限定することなく、取引の対象となる建物全般で、マンションやアパートの一部を含むこととしている。

③ 免許の区分

宅建業の免許を受けようとする者は、個人である場合と法人である場合とがある。

個人に対する免許は、いうまでもなく個人が宅建業を営むためのものであり、法人の免許

は、株式会社、有限会社、公益法人及び事業共同組合等の商法、民法またはその他の法律により法人格を有する者が宅建業を営むためのものである。

また、宅建業の免許には、国土交通大臣免許と都道府県知事免許があり宅建業を営もうとする場合は、次の区分に従い免許を受けることが必要である。

ア．国土交通大臣免許・・・　２以上の都道府県に事務所を設置して宅建業を営む場合
イ．都道府県知事免許・・・　１の都道府県の区域内のみに事務所を設置して宅建業を営もうとする場合

なお、国土交通大臣免許にあっては、免許申請書をその主たる事務所の所在地を管轄する都道府県を経由して提出しなければならない。

この免許を区分して表にすると、次のようになる。

免許権者	２以上の都道府県に事務所を設置		１の都道府県のみに事務所を設置	
	法人	個人	法人	個人
国土交通大臣	○	○	—	—
都道府県知事	—	—	○	○

④　免許の有効期間

宅建業の免許は永久に有効ではなく、厳密な審査があり一定の資格を有すると認められる者のみに与えられます。この一定の基準に合致している状況は時間の経過により変動する性質のものであるので、基準に適合しなくなったことが判明した場合には、免許権者により、免許の取消し等の処分がなされることになる。

このため、「免許の有効期間は、５年間とする」こととし、有効期間の満了後引き続き業を営もうとする者は、その有効期間が満了する日の90日前から30日前までの間に免許の更新申請を行わなければならないことになっている。

なお、この手続きを怠った場合には、免許が失効となるため、宅建業を営むことができなくなり、失効したまま宅建業を営むと業法第12条違反となり、罰則が科せられることになる。

○ 免許年月日が平成14年4月1日の場合の例

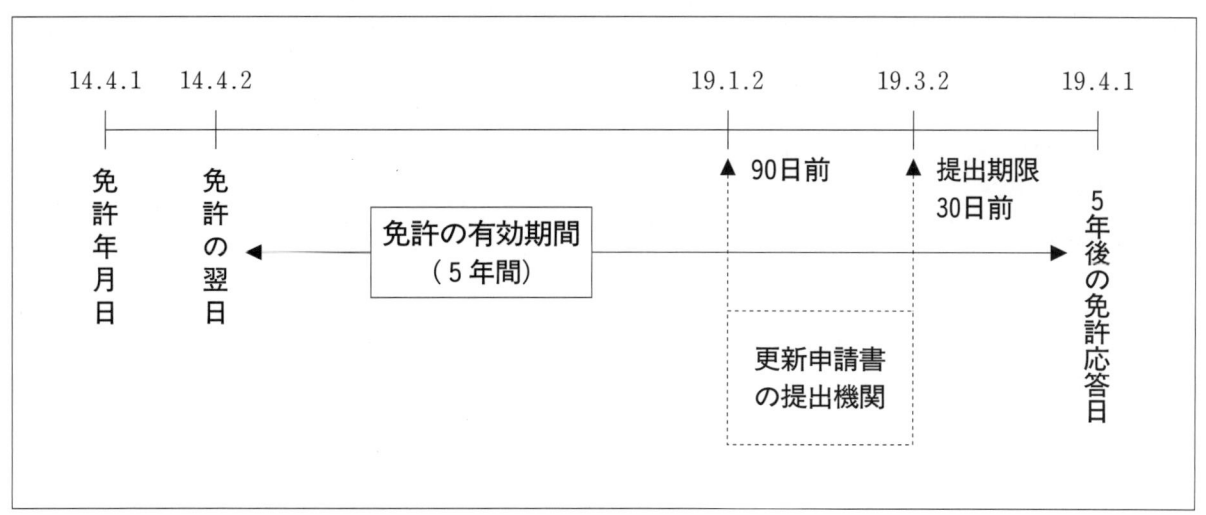

⑵ 新規免許申請から営業開始への手順

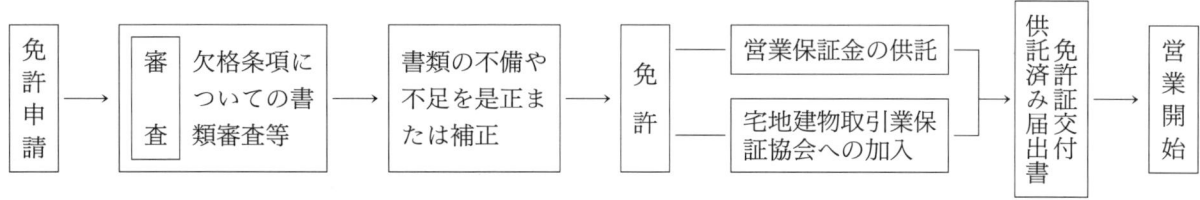

⑶ 免許の基準等

① 免許の欠格要件

免許を受けようとする者が次の表に掲げる欠格要件の一に該当する場合または免許申請書もしくはその添付書類中に重要な事項について虚偽の記載があり、もしくは重要な事実の記載が欠けている場合、免許を与えることができない。

したがって、これらのいずれにも該当しなければ免許が与えられることとなる。

なお、免許を受けた後に、この欠格要件に該当することとなった場合には、その免許は取り消される。

区分	主たる欠格要件	条項 業法第5条第1項	申請者 法人	申請者 個人	役員	法定代理人	政令使用人
5年間免許を受け	免許不正取得、情状が特に重い不正不当行為又は業務停止処分に違反をして免許を取り消された場合	第2号及び第6号から第8号	×	×	×	×	×
	免許不正取得、情状が特に重い不正不当行為又は業務停止処分違反をした疑いがあるとして聴聞の公示をされた後、廃業等の届出を行った場合	第2号の2、第2号の3及び第6号から第8号	×	×	×	×	×

1 免許手続の概観

られない場合	禁錮以上の刑又は業法違反等により罰金の刑に処せられた場合	第3号、第3号の2及び第6号から第8号	×	×	×	×	×
	免許の申請前5年以内に宅地建物取引業に関して不正又は著しく不当な行為をした場合	第4号及び第6号から第8号	×	×	×	×	×
その他	成年被後見人若しくは被保佐人又は破産者で復権を得ないもの	第1号及び第6号から第8号	―	×	×	×	×
	宅地建物取引業に関し不正又は不誠実な行為をするおそれが明らかな場合	第5号及び第6号から第8号	×	×	×	×	×
	事務所に専任の取引主任者を設置していない場合	第9号	×	×	―	―	―

(注) ① ×に該当するときには免許が受けられない。
　　 ② 「役員」には、役名にかかわらず法人に対して業務を執行する権限を有する者を含む。
　　 ③ 「法定代理人」とは、営業に関し成年者と同一の能力を有しない未成年者の親権者又は後見人をいう。

② 免許要件等の審査

　以下に示す基準は、行政庁が審査するうえでおおまかな目安となるもので、個々の判断は、各行政庁が実態を十分に調査、勘案して行うこととなる。

1 事務所について
(1) 宅地建物取引業者の事務所（法第3条第1項の事務所）
　（施行令第1条の2（法第3条第1項の事務所）に規定する事務所）
　① 宅地建物取引業者が商人である場合
　　本店または支店として商業登記簿謄本に登記されたもの。（支店については、店舗がなく、または支店長を欠く等支店として実態を伴わないものを除く。）
　② 商人以外の者である場合（公益法人、協同組合等及び個人）
　　主たる事務所または従たる事務所
　③ 商人である場合
　　支店としての名称を付していないもの（○○営業所、○○出張所、○○事務所など）についてもその場所が継続的に事務を行うことができる施設を有し、かつ、宅建業に係る契約を締結する権限を有する使用人が置かれている場所
　　（留意点）
　　ア．本店で宅建業を行わなくても支店で宅建業を行っていれば、本店も宅建業の「事務所」となる。この場合、本店には営業保証金の供託及び専任の取引主任者の設置が必要となる。

イ．支店の登記があっても当該支店において宅建業を行わない場合は、「事務所」としては取り扱わない。

(2) 事務所要件に係る審査要領及び証明書類について

① 事務所の写真

添付する写真は、次の事項に留意したものを添付する必要がある。

ア．事務所の外部を写したもの（全景がわかるもの）で事務所の案内板及び事務所の入口部分が一体となったもの。

イ．事務所内部（数室にわたる場合は中枢部）の執務、接客スペース等の状況が確認できる程度のもの。

ウ．事務所がビル内に所在する場合、建物の入口又はエレベータホール等の事務所の案内板並びに申請者の名称、事務所の名称を明記した事務所の入口を写したもの。

エ．業者票及び報酬額票の写真は全体が写っており、判読ができるものとする。業者票については、「この場所に置かれている専任の取引主任者の氏名」欄に記載した専任の取引主任者の氏名と申請書の専任の取引主任者の氏名が一致していなければならない。

なお、新規免許申請の場合、この写真の添付は不要である。

② 事務所付近の地図

地図は、事務所の所在地を明記したもので、最寄りの交通機関、公共・公益施設等の位置を明示した概略図を作成（添付）することとなる。

③ 事務所の形態

ア．一般的な解釈としては、物理的にも社会通念上も独立した業務を行い得る機能を有している事務所として認識される程度の形態を備えていることが必要である。

同一フロアーに他の法人と同居する場合は、間仕切り等で明確に区分する必要がある。また、他の業種と兼業する業者の場合は宅建業部門が明確に区分されている必要がある。

イ．一般の戸建住宅を事務所として使用する場合は、住宅の出入口以外の事務所としての専用の出入口を設けていることを原則とする。

ウ．宅建業の形態が一般消費者を対象として行うことが明らかな場合、マンション等の集合住宅の一室は原則として事務所として認められない。

エ．仮設の建築物は原則として事務所とは認めない。

オ．事務所の分室等を設置する場合、分室等の業務が経理、総務等の管理部門に限られることが明らかである場合は、事務所として扱わない。分室等の業務が営業部門を有する場合等は、事務所として扱われ、営業保証金の供託が必要となる。

この場合、分室等と事務所の位置は距離に関係なく、アと同様にみなされる場合は

事務所として扱う。例えば、同一ビル内の数フロアに事務所を構え、各フロアの担当部門（賃貸部門、分譲部門等）それぞれが独自に営業活動を行う場合等はそれぞれ事務所として扱うこともある。

2 専任の取引主任者について
 (1) 専任の取引主任者の専任性について
  ① 専任性は次の要件を満たす場合に認定する。
   ア．当該事務所に常勤しているかどうか。（常勤性）
   イ．宅建業に専ら従事する状態にあるかどうか。（専従性）
  ② 専任の取引主任者が他の職業を兼務する場合の認否
   当該事務所に常勤して専ら宅建業に従事できるか否かが判断の基準となる。
   例えば他の法人の常勤役員を兼任する、会社員、公務員等のように他の職業に従事しているなど、社会通念上における営業時間に宅地建物取引業者の事務所に勤務することができない場合や通常の通勤ができない状態にある場合等は「専任」にはあたらない。

3 政令使用人について
 宅地建物取引業者の使用人で、宅建業に関し業法に定める事務所の代表者である者のことをいう。具体的には、その使用人が常勤する事務所における契約締結権限を当該宅建業者から委譲されているものをいう。
 業法では、本店及び支店のほか、継続的に業務を行うことができる施設を有する場所で、この使用人を置くものを同法上の事務所としているので、この使用人についても、宅地建物取引業者や法人の役員と同様に、一定の免許基準に該当するか否かの判断が審査対象となる。

<参考>

国土交通省宅地建物取引業免許事務主管課

地方整備局等名	担 当 課	郵便番号	所　在　地	電話番号	所 管 区 域
北海道開発局	事業振興部建設産業課	060-8511	札幌市北区北8条西2丁目 札幌第一合同庁舎	011-709-2311	北海道
東北地方整備局	建政部計画・建設産業課	980-8602	仙台市青葉区二日町9-15	022-225-2171	青森・岩手・宮城 秋田・山形・福島
関東地方整備局	建政部建設産業第二課	330-9724	さいたま市中央区新都心2-1 さいたま新都心合同庁舎2号館	048-601-3151	茨城・栃木・群馬 埼玉・千葉・東京 神奈川・山梨 長野
北陸地方整備局	建政部計画・建設産業課	950-8801	新潟市美咲町1-1-1	025-280-8880	新潟・富山・石川
中部地方整備局	建政部建設産業課	460-8514	名古屋市中区三の丸2-5-1 名古屋合同庁舎第2号館	052-953-8119	岐阜・静岡・愛知 三重
近畿地方整備局	建政部建設産業課	540-8586	大阪市中央区大手前1-5-44 大阪合同庁舎第1号館	06-6942-1141	福井・滋賀・京都 大阪・兵庫・奈良 和歌山
中国地方整備局	建政部計画・建設産業課	730-0013	広島市中区八丁堀2-15	082-221-9231	鳥取・島根・岡山 広島・山口
四国地方整備局	建政部計画・建設産業課	760-8554	高松市サンポート3-33	087-851-8061	徳島・香川・愛媛 高知
九州地方整備局	建政部計画・建設産業課	812-0013	福岡市博多区博多駅東2-10-7 福岡第2合同庁舎別館	092-471-6331	福岡・佐賀・長崎 熊本・大分・宮崎 鹿児島
沖縄総合事務局	開発建設部建設産業・地方整備課	900-8530	那覇市前島2-21-7	098-866-0071	沖縄

○都道府県宅地建物取引業免許事務主管課　　　　　　　　　　　　　　　　平成19年1月1日現在

都道府県	主管課	住所	電話番号
北海道	建設部建築指導課管理指導グループ	〒060-8588 札幌市中央区北3条西6丁目	011-231-4111
青森県	県土整備部建築住宅課住宅政策グループ	〒030-8570 青森市長島1-1-1	017-734-9692
岩手県	県土整備部建築住宅課	〒020-8570 盛岡市内丸10-1	019-651-3111
宮城県	土木部建築宅地課	〒980-8570 仙台市青葉区本町3-8-1	022-211-2111
秋田県	建設交通部建築住宅課	〒010-8570 秋田市山王4-1-1	018-860-1111
山形県	土木部建築住宅課	〒990-8570 山形市松波2-8-1	023-630-2211
福島県	土木部建築領域建築指導グループ	〒960-8670 福島市杉妻町2-16	024-521-1111
茨城県	土木部都市局建築指導課	〒310-8555 水戸市笠原町978番6	029-301-4722
栃木県	土木部住宅課	〒320-8501 宇都宮市塙田1-1-20	028-623-2488
群馬県	県土整備部監理課宅建業グループ	〒371-8570 前橋市大手町1-1-1	027-226-3525
埼玉県	都市整備部開発指導課	〒330-9301 さいたま市浦和区高砂3-15-1	048-830-5488
千葉県	県土整備部建設・不動産業課不動産業室	〒260-8667 千葉市中央区市場町1-1	043-223-3238
東京都	都市整備局住宅政策推進部不動産業課	〒163-8001 新宿区西新宿2-8-1	03-5320-5033
神奈川県	県土整備部建設業課宅建指導班	〒231-8588 横浜市中区日本大通1	045-210-6315
新潟県	土木部都市局都市政策課	〒950-8570 新潟市新光町4-1	025-280-5427
富山県	土木部建築住宅課	〒930-8501 富山市新総曲輪1-7	076-444-3355
石川県	土木部建築住宅課建築行政グループ	〒920-8580 金沢市鞍月1-1	076-225-1778
福井県	土木部建築住宅課住宅計画グループ	〒910-8580 福井県福井市大手3-17-1	0776-20-0505
山梨県	土木部住宅課	〒400-8501 甲府市丸の内1丁目6-1	055-223-1730
長野県	住宅部建築管理課	〒380-8570 長野市大字南長野字幅下692-2	026-235-7335
岐阜県	都市建築部建築指導課宅建係	〒500-8570 岐阜市薮田南2-1-1	058-272-1111
静岡県	都市住宅部都市政策総室不動産取引室	〒420-8601 静岡市葵区追手町9-6	054-221-3072
愛知県	建設部建設業不動産業課不動産業グループ	〒460-8501 名古屋市中区三の丸3-1-2	052-954-6582
三重県	県土整備部建築開発室宅建業・屋外広告物グループ	〒514-8570 津市広明町13番地	059-224-2708
滋賀県	土木交通部住宅課	〒520-8577 滋賀県大津市京町4-1-1	077-528-4231
京都府	土木建築部建築指導課	〒602-8570 京都市上京区下立売通新町西入	075-414-5343
大阪府	住宅まちづくり部建築振興課宅建業指導グループ	〒540-8570 大阪市中央区大手前2丁目	06-6944-6804
兵庫県	県土整備部まちづくり局土地対策室	〒650-8567 神戸市中央区下山手通5-10-1	078-362-3612
奈良県	土木部建築課	〒630-8501 奈良市登大路町30番地	0742-27-7563
和歌山県	県土整備部都市住宅局公共建築課	〒640-8585 和歌山市小松原通1-1	073-441-3243
鳥取県	生活環境部住宅政策課	〒680-8570 鳥取市東町1-220	0857-26-7411
島根県	土木部建築住宅課住宅企画グループ	〒690-8501 松江市殿町8番地	0852-22-5226
岡山県	土木部都市局建築指導課街づくり推進班	〒700-8570 岡山市内山下2-4-6	086-226-7504
広島県	都市部都市事業局建築指導室宅建業グループ	〒730-8511 広島市中区基町10-52	082-513-4185
山口県	土木建築部住宅課民間住宅班	〒753-8501 山口市滝町1-1	083-933-3883
徳島県	県土整備部建築開発指導課	〒770-8570 徳島市万代町1-1	088-621-2604
香川県	土木部住宅課総務・宅地建物指導グループ	〒760-8570 高松市番町四丁目1-10	087-832-3582

愛 媛 県	土木部道路都市局建築住宅課	〒790-8570	松山市一番町4-4-2	089-941-2779
高 知 県	土木部住宅企画課	〒780-8570	高知市丸ノ内1-2-20	088-823-9861
福 岡 県	建築都市部建築指導課	〒812-8577	福岡市博多区東公園7-7	092-643-3718
佐 賀 県	県土づくり本部建築住宅課	〒840-0041	佐賀市城内1-1-59	0952-25-7164
長 崎 県	土木部建築課審査指導班	〒850-8570	長崎市江戸町2-13	095-894-3093
熊 本 県	土木部建築課宅地指導班	〒862-8570	熊本市水前寺6-18-1	096-333-2536
大 分 県	土木建築部建築住宅課管理・ニュータウン班	〒870-8501	大分市大手町3-1-1	097-536-1111
宮 崎 県	土木部建築住宅課	〒880-8501	宮崎市橘通東2-10-1	0985-26-7195
鹿 児 島 県	土木部建築課	〒890-8577	鹿児島市鴨池新町10-1	099-286-3707
沖 縄 県	土木建築部建築指導課	〒900-8570	那覇市泉崎1-2-2	098-866-2413

2 様式と記載例

＜宅地建物取引業免許関係＞
＜営業保証金供託済届出等関係＞
＜宅地建物取引主任者登録関係＞
＜案内所等の場所（業法第50条第2項）届出関係＞

凡 例

① 平成18年4月28日に公布された宅地建物取引業法施行規則の一部を改正する省令による改正後の様式で記載しており、平成18年5月1日から適用することになっています。
② 各様式ごとの記載例中様式枠とその活字体の部分および備考（一部掲載を省略したものもある。）は、宅地建物取引業法施行規則により定められているものであり、手書き（黒字）部分が、すべて仮名等を使用した想定の記載例です。
③ 各様式の用紙規格は、前記規則で「A4判」となっていますが、紙面の制約上縮小して掲載しています。
④ 各様式中、線で引き出した青の注書きは、記入上の留意事項であり、 参考 は手続を進める上で必要な説明等を記載したものです。

申請等作成上の共通注意事項

① 記入は、すべてボールペン等の耐水性のもので記入して下さい。
② 文字は、楷書で、正確かつ鮮明に記入し、マス目のあるものは、1マスに一文字の記入として下さい。
③ 申請書等の書類は、とじ順に揃え、ひも等で綴り所要の部数を提出して下さい。
④ 添付する証明書類は、申請時前3ケ月以内（なるべく申請直前のもの。）のものを使用して下さい。

＜宅地建物取引業免許関係＞

別記
様式第一号（第一条関係）　　　　　　　　　　　　　　　　　　　　　　（A4）
　　　　　　　　　　　　　　　　　　　　　　　　　　　　　　　　　　1 1 0

免 許 申 請 書

(第一面)

宅地建物取引業法第4条第1項の規定により、同法第3条第1項の免許を申請します。
この申請書及び添付書類の記載事項は、事実に相違ありません。

平成14年 8 月 1 日

免許権者宛 ──── 地方整備局長
　　　　　　　　●北海道開発局長　殿
　　　　　　　　知事

申請者　商号又は名称　霞が関不動産株式会社
　　　　郵便番号　（　100-8944　）
　　　　主たる事務所の所在地　東京都千代田区霞が関2丁目1番3号
　　　　氏　　名　代表取締役　小神 弘　（代表者印）
　　　　（法人にあつては、代表者の氏名）
　　　　電話番号　（ 03 ）3580 － 4311
　　　　ファクシミリ番号　（ 03 ）3580 － 4312

記入不要 ──── ●受付番号　●受付年月日　　申請時の免許証番号　── 新規免許申請の場合は空欄
　　　　　　　　　　＊　　　　　＊　　　　0 0（4）　5 0 0 0
　　　　　　　　　　　　　　　　　　　　（有効期間：平成9年10月2日～平成14年10月1日）●

国土交通大臣
又は都道府県　　免許の種類　1.新規　　　免許換え後の免許権者コード
知事コード　　　　3　　2.免許換え新規 →
　　　　　　　　　　　　　3.更新

　　　　　　　　　　　　　　　＊免許証番号　国土交通大臣（　）第　　号
　　　　　　　　　　　　　　　　　　　　　　知事
　　　　　　　　　　　　　　　＊免許年月日　　　　年　　月　　日　　　　　記入不要
　　　　　　　　　　　　　　　＊有効期間　　　　　年　　月　　日から
　　　　　　　　　　　　　　　　　　　　　　　　　年　　月　　日まで

項番　◎商号又は名称　　　　　　　　　　　　　　　　　　　　　　　　　上段より左詰め、濁点半濁点は一文字で記入
11　フリガナ　カスミカ゛セキフト゛ウサンカフ゛シキカ　法人・個人の別
　　　　　　イシャ　　　　　　　　　　　　　　　　　　　1　1.法人
　　商号又は名称　霞が関不動産株式会社　　　　　　　　　　　2.個人
　　　　　　　　　　　　　　　　　　　　　　　　　　　　　　確認欄　＊

◎代表者又は個人に関する事項　　姓と名の間は一文字あけ、左詰め　　　　　取引主任者である場合には記入
12　役名コード　0 1　　登録番号●
　　フリガナ　コカ゛ミ　ヒロシ
　　氏　名　小神　弘
　　生年月日　S　2 3 年 0 9 月 0 1 日　　　　　　　　　　　　　　　確認欄　＊

◎宅地建物取引業以外に行っている事業がある場合にはその種類　　◎所属している不動産業関係業界団体がある場合にはその名称

13　兼業コード　0 5　建設業●　　所属団体コード　1 0　(社)不動産協会　（加入：平成元年 4月 1日）　── 団体名も必ず記入
　　　　　　　1 1　不動産賃貸業●　　　　　　　1 1　(社)不動産流通経営協会（加入：昭和63年 8月 1日）
兼業コード表参照　　　　　　　　　　　　　　　　　　　　　　　　　　　　　（加入：　年　月　日）
　　◎資本金（千円）　　　　　　　　　　　　　　　　　　　　　　　　　　　　（加入：　年　月　日）　確認欄　＊
　　　　　億千万百万十万万千
　　　　　　　　1 0 0 0 0 0

業種名も必ず記入　　所属団体コード表参照

2　様式と記載例　　11

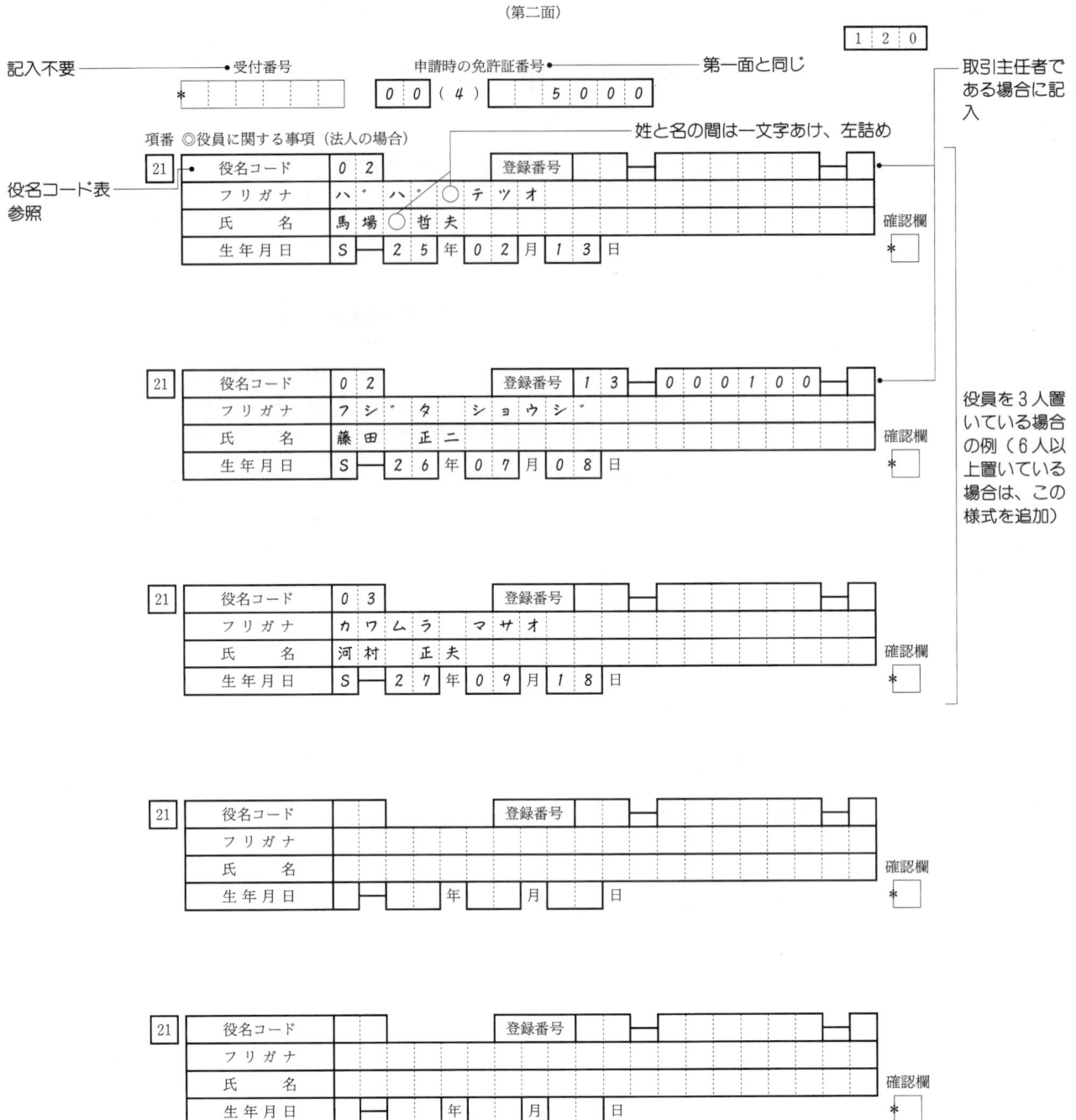

※この記載例は本店のもの

(第三面)

| 1 | 3 | 0 |

記入不要 ────── 受付番号　　　申請時の免許証番号 ● ──── 第一面と同じ
　　　　　　　　＊ □□□□□□　　0 0 (4) 5 0 0 0 0

　　　　　　　　　　　　　　　　　　　　　　　　　　　　　記入不要
項番
| 30 | 事務所の別 | 1 | 1.主たる事務所　2.従たる事務所　　　＊ 事務所コード □□ | 左詰め、主たる事務所の場合（会社名は記入不要） |

| | 事務所の名称 | 本 店 |

◎事務所に関する事項

| 31 | 郵便番号 | 1 0 0 ― 8 9 4 4 |

114頁以降参照 ── 所在地市区町村コード 1 3 1 0 1 　東京 ㊞道府県　千代田　市郡区町村

| | 所　在　地 | 霞 が 関 2 ― 1 ― 3 |

左詰め ── 電話番号　0 3 ― 3 5 8 0 ― 4 3 1 1　　確認欄 ＊
右詰め ── 従事する者の数　　　8

◎政令第2条の2で定める使用人に関する事項

32	登録番号	
	フリガナ	
	氏　名	
	生年月日	年　月　日

確認欄 ＊　　主たる事務所の政令使用人を置いていない場合

◎専任の取引主任者に関する事項

41	登録番号	1 3 ― 0 0 0 1 0 0 ―
	フリガナ	フジタ　ショウジ
	氏　名	藤田 正二
	生年月日	S ― 2 6 年 7 月 8 日

確認欄 ＊

点線枠のない部分は枠内で任意に記入

41	登録番号	1 4 ― 0 0 1 1 2 2 ― 1
	フリガナ	タナカ　マサオ
	氏　名	田中 正男
	生年月日	S ― 1 8 年 1 0 月 2 日

確認欄 ＊　　専任の取引主任者を4人置いている場合

41	登録番号	1 3 ― 0 0 1 0 2 3 ―
	フリガナ	サトウ　シュンジ
	氏　名	佐藤 俊二
	生年月日	S ― 3 2 年 3 月 2 9 日

確認欄 ＊

（次頁へつづく）

※この様式は、専任の取引主任者を4人以上置いている場合に第三面のつづきとして使用

(第四面)

受付番号	＊
申請時の免許証番号	0 0 (4) 5 0 0 0

1 4 0 　第三面と同じ

項番		
30	事務所の名称	本 店

＊事務所コード

専任の取引主任者に関する事項（続き）　　　　　　　　　　　（前頁よりつづく）

41	登録番号	1 3 － 0 0 1 2 6 2
	フリガナ	テラサワ タカシ
	氏　名	寺沢 孝
	生年月日	S － 3 3 年 5 月 5 日

確認欄 ＊

41	登録番号	
	フリガナ	
	氏　名	
	生年月日	年 月 日

確認欄 ＊

41	登録番号	
	フリガナ	
	氏　名	
	生年月日	年 月 日

確認欄 ＊

41	登録番号	
	フリガナ	
	氏　名	
	生年月日	年 月 日

確認欄 ＊

41	登録番号	
	フリガナ	
	氏　名	
	生年月日	年 月 日

確認欄 ＊

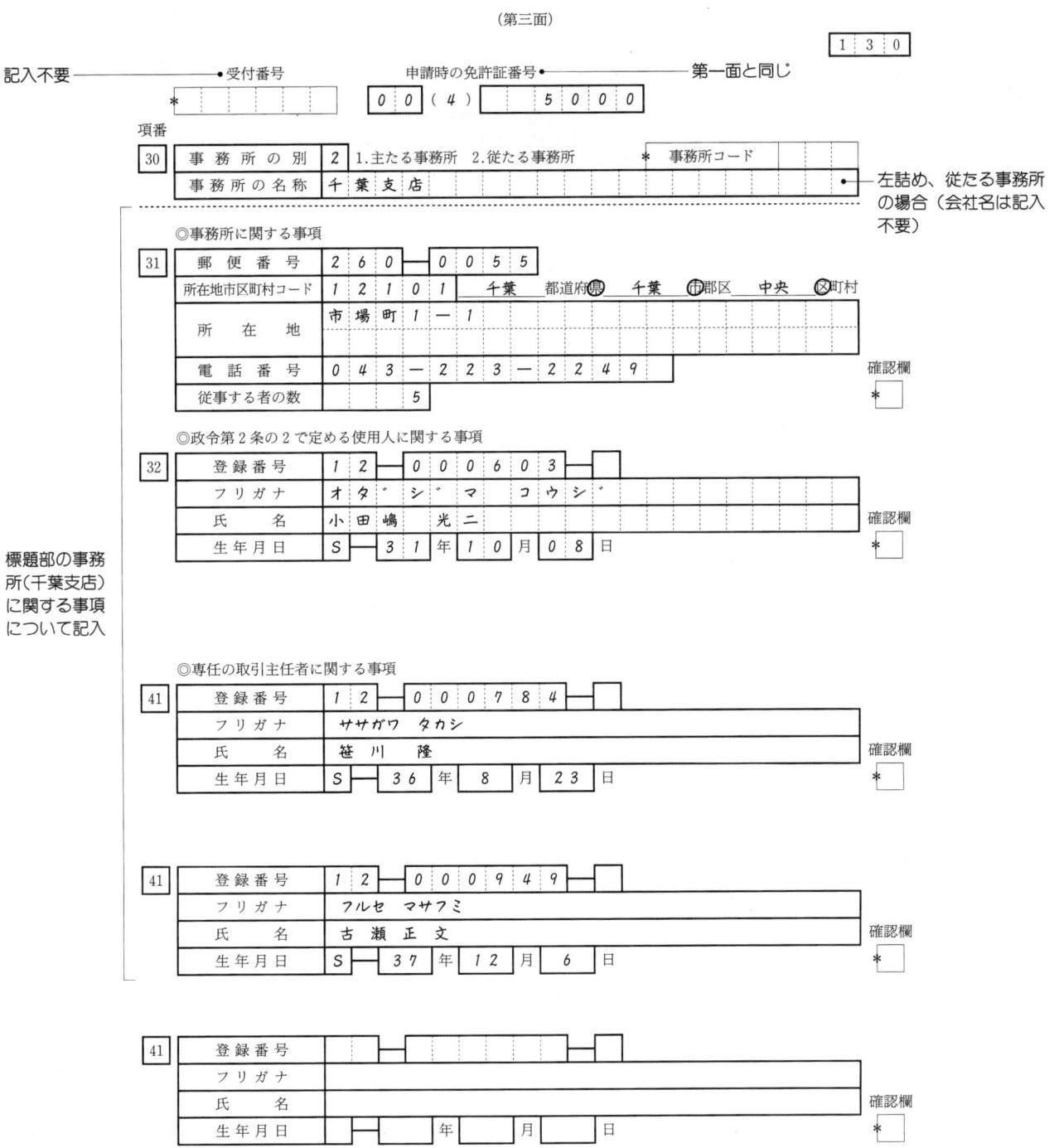

A4判を使用のこと

(第五面)

→ 登録免許税法第2条別表第1に掲げる金額を納付する。

登録免許税納付書・領収証書、収入印紙又は証紙はり付け欄
(消印してはならない)

参考

登録免許税及び手数料について
1　国土交通大臣の新規免許（知事から大臣への免許換えを含む）申請の場合
　下表の免許を受けようとする地方整備局長等ごとにそれぞれの税務署へ登録免許税として9万円（H19.4.1現在）を納付しその領収書原本を貼付する。

免許を受けようとする地方整備局長等	納付先税務署	
北海道開発局長	札幌国税局札幌北税務署	北海道札幌市北区北三十一条西7－3－1
東北地方整備局長	仙台国税局仙台北税務署	宮城県仙台市青葉区上杉1－1－1
関東地方整備局長	関東信越国税局浦和税務署	埼玉県さいたま市浦和区常盤4－11－19
北陸地方整備局長	関東信越国税局新潟税務署	新潟県新潟市営所通二番町692－5
中部地方整備局長	名古屋国税局名古屋中税務署	愛知県名古屋市中区三の丸3－3－2
近畿地方整備局長	大阪国税局東税務署	大阪府大阪市中央区大手前1－5－63
中国地方整備局長	広島国税局広島東税務署	広島県広島市中区上八丁堀3－19
四国地方整備局長	高松国税局高松税務署	香川県高松市天神前2－10
九州地方整備局長	福岡国税局博多税務署	福岡県福岡市東区馬出1－8－1
沖縄総合事務局長	沖縄国税事務所那覇税務署	沖縄県那覇市旭町9

(注)　上記の納税地のほか、日本銀行及び国税の収納を行うその代理店並びに郵便局において納付することができるが、その場合においては、納付書の宛先は上記の各税務署となる。

2　国土交通大臣免許の更新の場合
　収入印紙　3万3千円（消印無効）（19.4.1現在）
3　都道府県知事免許〔新規（免許換えを含む）・更新〕
　証紙　3万3千円（消印無効）（19.4.1現在）

(H19.4.1現在)

区　分		登録免許税（9万円）	手数料（3万3千円）	
			収入印紙	都道府県の証紙
大臣免許申請	新規	○	－	－
	免許換え(知事→大臣)	○	－	－
	更新	－	○	－
知事免許申請	新規	－	－	○
	免許換え(大臣/知事→知事)	－	－	○
	更新	－	－	○

備　考

1　各面共通関係

① 申請者は、＊印の欄には記入しないこと。

② 「申請時の免許証番号」の欄は、免許換え新規又は更新の場合にのみ記入すること。この場合、免許権者については、下表より該当するコードを記入すること。ただし、免許権者が北海道知事である場合には、51～64のうち該当するコードを記入すること。

（記入例）｜0｜0｜(5)｜　｜　｜1｜0｜0｜　［国土交通大臣(5)第100号の場合］

00	国土交通大臣	16	富山県知事	32	島根県知事	51	北海道知事（石狩）
		17	石川県知事	33	岡山県知事	52	北海道知事（渡島）
02	青森県知事	18	福井県知事	34	広島県知事	53	北海道知事（檜山）
03	岩手県知事	19	山梨県知事	35	山口県知事	54	北海道知事（後志）
04	宮城県知事	20	長野県知事	36	徳島県知事	55	北海道知事（空知）
05	秋田県知事	21	岐阜県知事	37	香川県知事	56	北海道知事（上川）
06	山形県知事	22	静岡県知事	38	愛媛県知事	57	北海道知事（留萌）
07	福島県知事	23	愛知県知事	39	高知県知事	58	北海道知事（宗谷）
08	茨城県知事	24	三重県知事	40	福岡県知事	59	北海道知事（網走）
09	栃木県知事	25	滋賀県知事	41	佐賀県知事	60	北海道知事（胆振）
10	群馬県知事	26	京都府知事	42	長崎県知事	61	北海道知事（日高）
11	埼玉県知事	27	大阪府知事	43	熊本県知事	62	北海道知事（十勝）
12	千葉県知事	28	兵庫県知事	44	大分県知事	63	北海道知事（釧路）
13	東京都知事	29	奈良県知事	45	宮崎県知事	64	北海道知事（根室）
14	神奈川県知事	30	和歌山県知事	46	鹿児島県知事		
15	新潟県知事	31	鳥取県知事	47	沖縄県知事		

③ 「役名コード」の欄は、下表より該当する役名のコードを記入すること。

　ア　個人の場合には記入しないこと。

　イ　代表取締役が複数存在するときには、そのすべての者について「01」を記入すること。

　ウ　農業協同組合法等に基づく代表理事の場合には、「01」を記入すること。

01	代表取締役（株式会社）	04	代表社員（持分会社）	13	代表執行役（株式会社）
02	取締役（株式会社）	05	社員（持分会社）	14	執行役（株式会社）
03	監査役（株式会社）	07	理事	09	その他
15	会計参与（株式会社）	08	監事		

④ 「登録番号」の欄は、宅地建物取引主任者である場合にのみ、その登録番号を記入すること。この場合、登録を受けている都道府県知事については、上記②の表より該当するコードを記入すること。ただし、北海道知事の登録を受けている場合には、51～64のうち該当するコードを記入すること。また、登録番号に「選考」とある場合にのみ最後の□に「1」を記入すること。

（記入例）｜1｜3｜－｜0｜0｜0｜1｜0｜0｜－｜　｜　［東京都知事登録第000100号の場合］

⑤ 氏名の「フリガナ」の欄は、カタカナで姓と名の間に1文字分空けて左詰めで記入し、その際、濁点及び半濁点は1文字として扱うこと。また、「氏名」の欄も姓と名の間に1文字分空けて左詰めで記入すること。

⑥ 「生年月日」の欄は、最初の□には下表より該当する元号のコードを記入するとともに、□に数字を記入するに

当たつては、空位の□に「0」を記入すること。

（記入例）| H |—| 0 | 1 |年| 0 | 8 |月| 2 | 3 |日　　| M | 明治 | S | 昭和 |
[平成元年8月23日の場合]　　　　　　　　　　　　| T | 大正 | H | 平成 |

⑦　「所在地市区町村コード」の欄は、都道府県の窓口備付けのコードブック（総務省編「全国地方公共団体コード」）により該当する市区町村のコードを記入すること。

⑧　「所在地」の欄は、⑦により記入した所在地市区町村コードによって表される市区町村に続く町名、街区符号、住居番号等を、「丁目」「番」及び「号」をそれぞれ―（ダッシュ）で区切り、上段から左詰めで記入すること。

（記入例）| 霞 | が | 関 | 2 |―| 1 |―| 3 |

⑨　申請者が未成年者である場合は、法定代理人の同意書を添付すること。

2　第一面関係

①　「免許の種類」の欄は、該当する番号を記入すること。

②　「免許換え後の免許権者コード」の欄は、「免許の種類」の欄において「2」を記入した場合にのみ、上記1②の表より該当する免許換え後の免許権者のコードを記入すること。この場合、免許換え後の免許権者が北海道知事である場合には「01」を記入すること。

③　商号又は名称の「フリガナ」の欄は、カタカナで上段から左詰めで記入し、その際、濁点及び半濁点は1文字として扱うこと。また、「商号又は名称」の欄も、上段から左詰めで記入すること。

④　「法人・個人の別」の欄は、該当する番号を記入すること。

⑤　代表者又は個人に関する事項については、法人の場合で代表者が複数存在するときには、申請者である代表者について記入し、その他の者については、第二面の役員に関する事項の欄に記入すること。

　　例えば、株式会社の場合で代表取締役が複数存在するときには、申請者である代表取締役について記入し、その他の者については、第二面の役員に関する事項の欄に記入すること（第二面であつても代表取締役の役名コードは「01」を記入すること。）。

⑥　「兼業コード」の欄は、下表より該当する事業のコードを記入すること。なお、宅地建物取引業以外に行つている事業がない場合には「50」を記入すること。

01	農　業	05	建設業	09	卸売・小売業、飲食店	13	サービス業
02	林　業	06	製造業	10	金融・保険業	14	その他
03	漁　業	07	電気・ガス・熱供給・水道業	11	不動産賃貸業		
04	鉱　業	08	運輸・通信業	12	不動産管理業		

⑦　「所属団体コード」の欄は、下表より該当する所属団体のコードを記入すること。なお、所属している不動産業関係業界団体がない場合には「50」を記入すること。

01	㈳高層住宅管理業協会	09	㈳日本ビルヂング協会連合会の会員である各協会
02	㈳日本住宅建設産業協会	10	㈳不動産協会
03	㈳全国住宅建設産業協会連合会の会員である各協会	11	㈳不動産流通経営協会
04	㈳全国宅地建物取引業協会連合会の会員である各協会	12	その他
05	㈳全日本不動産協会		

⑧　「資本金」の欄は、法人の場合にのみ右詰めで記入すること。

3　第二面関係

①　第二面は、申請者が法人の場合にのみ記入すること。

② 役員に関する事項の欄は、第一面で代表者として記入した者については記入しないこと。

③ 第二面に記載しきれない場合は、同じ様式により作成した書面に記載して当該面の次に添付すること。

4 第三面関係

① 第三面は、項番 30 の事務所ごとに作成すること。

② 「事務所の別」の欄は、該当する番号を記入すること。

③ 「電話番号」の欄は、市外局番、市内局番、番号をそれぞれ—（ダッシュ）で区切り、左詰めで記入すること。

(記入例) ｜ 0 ｜ 3 ｜ — ｜ 5 ｜ 2 ｜ 5 ｜ 3 ｜ — ｜ 8 ｜ 1 ｜ 1 ｜ 1 ｜

④ 「従事する者の数」の欄は、右詰めで記入すること。この場合に、「従事する者」には、営業に従事する者のみならず、宅地建物取引業に係る一般管理部門に所属する者や補助的な事務に従事する者も含めること。

　また、申請者が個人である場合において、その家族が宅地建物取引業に従事し、又は従事しようとしているときは、その者についても記入すること。

　なお、宅地建物取引業を他の事業と兼業する場合は、宅地建物取引業に従事する者についてのみ記入すること。

5 第四面関係

① 「専任の取引主任者に関する事項（続き）」の欄は、第三面に記載しきれない場合に使用することとし、第三面の次に添付すること。

② 第四面は、項番 30 の事務所ごとに作成すること。

③ 第四面に記載しきれない場合は、同じ様式により作成した書面に記載して当該面の次に添付すること。

様式第二号（第一条の二関係） (A4)

添 付 書 類 (1)

(第一面)

宅地建物取引業経歴書

1．事業の沿革

最初の免許	組　　織　　変　　更				
63年10月1日	H2年4月1日	年　月　日	年　月　日	年　月　日	年　月　日
国土交通大臣免許	商号変更 霞が関土地建物㈱より				

・最初に免許を受けた免許権者を記入（新規免許申請の場合は「新規」と記入）

・商号又は名称の変更、法人の合併の場合などを記入

2．事業の実績

イ　代理又は媒介の実績　　定款等に定める事業年度ごとに左欄より古い年度順に記入

内容	種類	期間	9年4月1日から10年3月31日までの1年間		10年4月1日から11年3月31日までの1年間		11年4月1日から12年3月31日までの1年間		12年4月1日から13年3月31日までの1年間		13年4月1日から14年3月31日までの1年間	
			売買・交換	貸借	売買・交換	貸借	売買・交換	貸借	売買・交換	貸借	売買・交換	貸借
宅地	件数		2		1		1		7		14	
	価額(千円)		45,000		28,000		8,200		220,609		275,409	
	手数料(千円)		1,025		699		228		5,688		7,185	
建物	件数			15		20		30		10		5
	価額(千円)											
	手数料(千円)			2,750		3,150		6,000		1,500		900
宅地及び建物	件数		7		12		4		3		5	
	価額(千円)		150,250		168,270		79,700		48,701		164,150	
	手数料(千円)		4,051		5,273		1,432		1,129		4,871	
合計	件数		9	15	13	20	5	30	10	10	19	5
	価額(千円)		195,250		196,270		87,900		269,310		439,559	
	手数料(千円)		5,076	2,750	5,972	3,150	1,660	6,000	6,817	1,500	12,056	900

・千円未満切り捨て

・区分所有建物に係るものも含めて記入

・いわゆる「土地付き住宅」の場合

・「手数料」は、申請業者の報酬として受領した額（このうち、別の業者等に支払った報酬の額は除く）を記入

(第二面)

ロ 売買・交換の実績　　定款等に定める事業年度ごとに左欄より古い年度順に記入

種類		期間	9年4月1日から10年3月31日までの1年間	10年4月1日から11年3月31日までの1年間	11年4月1日から12年3月31日までの1年間	12年4月1日から13年3月31日までの1年間	13年4月1日から14年3月31日までの1年間
売却	宅地	件数	3	4	4	7	11
		価額(千円)	45,273	123,765	2,203,854	1,094,973	4,726,401
	建物	件数					
		価額(千円)					
	宅地及び建物	件数	2	3	1	3	9
		価額(千円)	67,200	98,400	18,000	24,285	170,800
	合計	件数	5	7	5	10	20
		価額(千円)	112,473	222,165	2,221,854	1,119,258	4,897,201
購入	宅地	件数	2	3	6	13	18
		価額(千円)	1,287,400	978,245	2,758,438	4,907,314	6,009,972
	建物	件数					
		価額(千円)					
	宅地及び建物	件数	2	3	2	4	6
		価額(千円)	52,400	970,320	22,400	461,280	204,740
	合計	件数	4	6	8	17	24
		価額(千円)	1,339,800	1,948,565	2,780,838	5,368,594	6,214,712
交換	宅地	件数					
		価額(千円)					
	建物	件数					
		価額(千円)					
	宅地及び建物	件数					
		価額(千円)					
	合計	件数					
		価額(千円)					

備考
1 新規に免許を申請する者は、「最初の免許」の欄に「新規」と記入すること。
2 「組織変更」の欄には、合併又は商号若しくは名称の変更について記入すること。
3 「期間」の欄には、事業年度を記入すること。
4 「売買・交換」の欄には、上段に売買の実績を、下段に交換の実績を記入すること。

参考

申請直前の事業年度に代理・媒介・売買・交換の実績がない場合は、当該事由に係る「理由書」を提出して下さい。（宅建業法第66条第1項第6号に該当しないことの確認のため）
なお、新規に事業を開始した場合は不要です。（個人から法人への組織変更の場合も新規となります。）ただし、期限切・廃業後5年以内の新規申請の場合は実績を記入して下さい。

(A4)

添付書類 (2)

誓　約　書

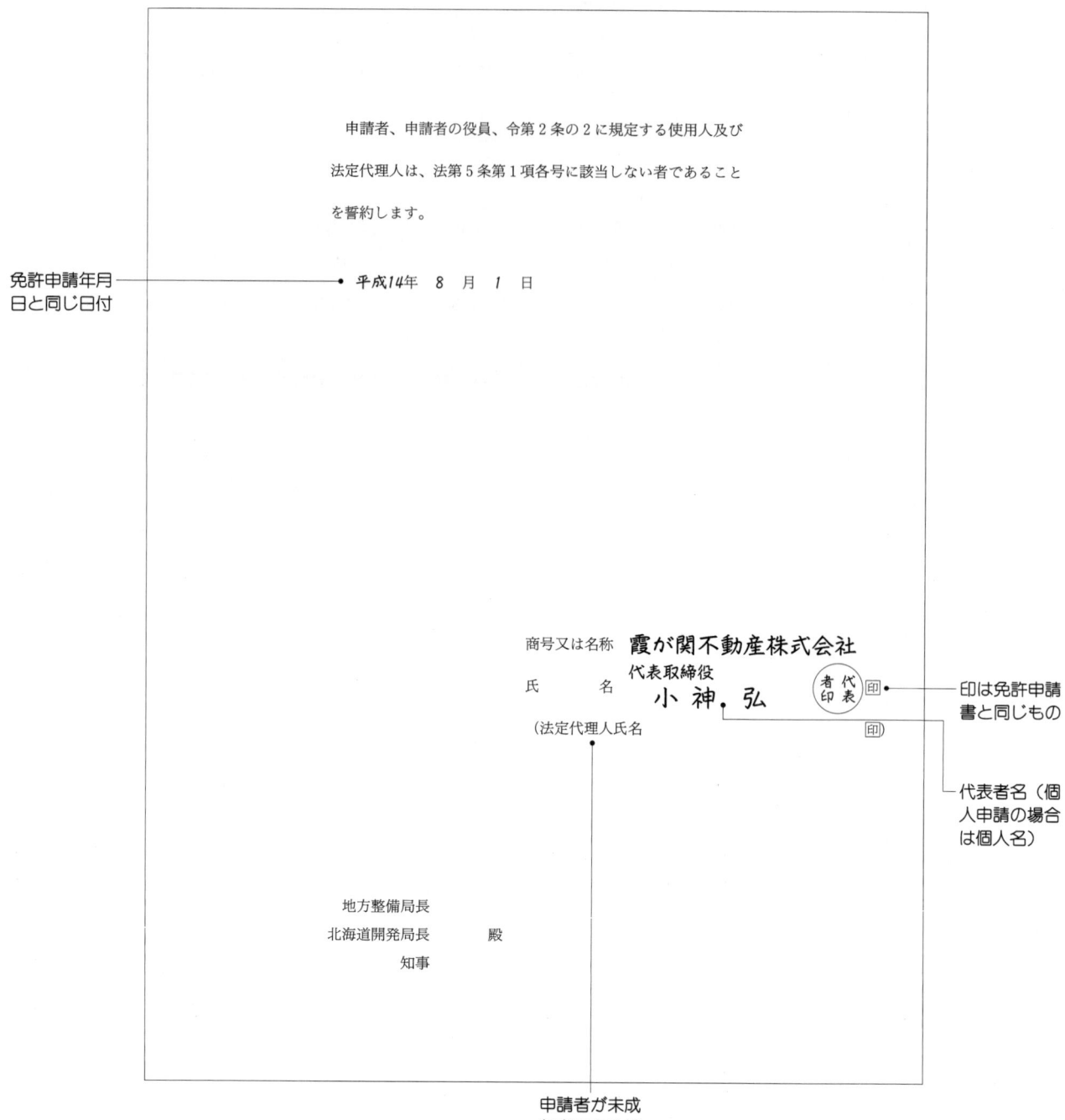

申請者、申請者の役員、令第2条の2に規定する使用人及び法定代理人は、法第5条第1項各号に該当しない者であることを誓約します。

免許申請年月日と同じ日付 ── 平成14年　8月　1日

商号又は名称　霞が関不動産株式会社
代表取締役
氏　　名　　小神．弘　㊞ ── 印は免許申請書と同じもの

（法定代理人氏名）　　　　　　　　── 代表者名（個人申請の場合は個人名）

地方整備局長
北海道開発局長　殿
知事

申請者が未成年者である場合に記入

(A4)

添 付 書 類 (3)

専任の取引主任者設置証明書

下記の事務所は、宅地建物取引業法第15条第1項に規定する要件を備えていることを証明します。

平成14年 8月 1日 ●————— 免許申請年月日と同じ日付

地方整備局長
北海道開発局長　殿
知事

商号又は名称　霞が関不動産株式会社

氏　　　名　代表取締役　小神　弘 ㊞ ●————— 印は免許申請書と同じもの
（法人にあつては、代表者の氏名）

記

事務所の名称	所　在　地	専任の取引主任者の数	宅地建物取引業に従事する者の数
本　店	千代田区霞が関2－1－3	4 名	8 名
千葉支店	千葉市中央区市場町1－1	2 名	5 名
		名	名
		名	名

記入欄が不足する場合は、欄を追加等して記入

専任の取引主任者の人数を含む人数

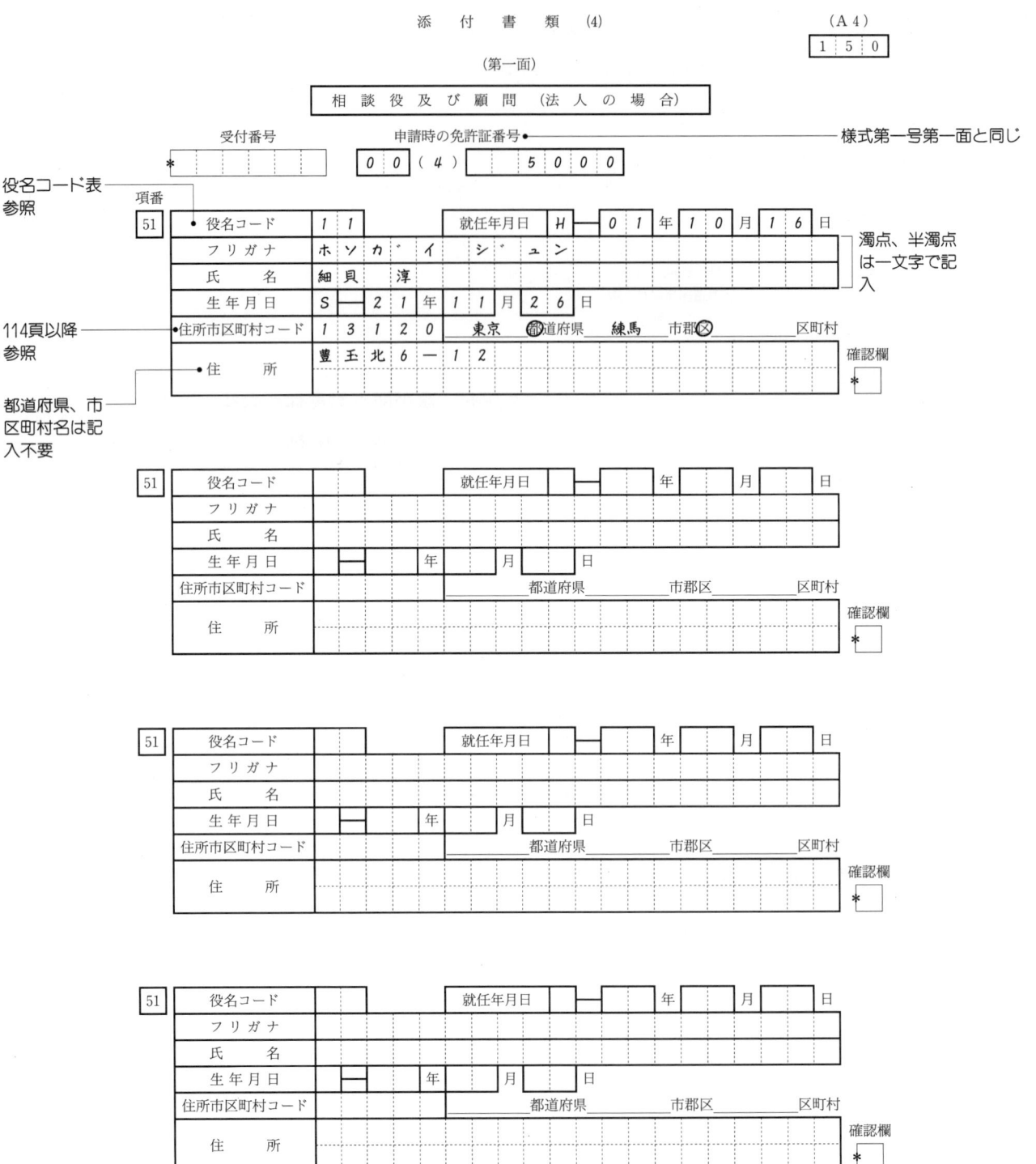

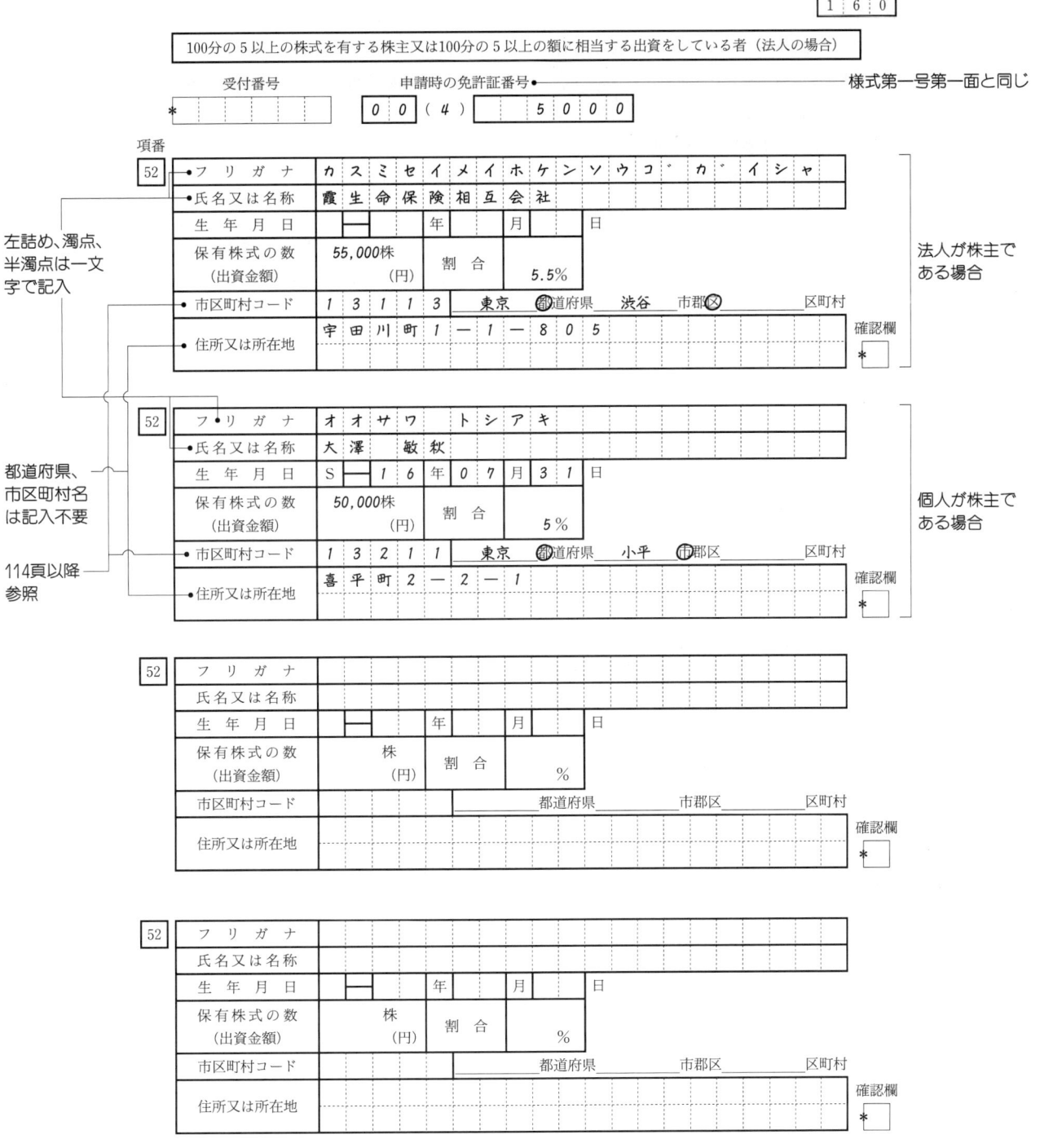

備　考
1　各面共通関係
① この書面は、申請者が法人である場合にのみ記入すること。
② 申請者は、＊印の欄には記入しないこと。
③ 「申請時の免許証番号」の欄は、免許換え新規又は更新の場合にのみ記入すること。この場合、免許権者については、下表より該当するコードを記入すること。ただし、免許権者が北海道知事である場合には、51〜64のうち該当するコードを記入すること。
　　　（記入例、コード表省略（17頁②参照））
④ 「住所市区町村コード」及び「市区町村コード」の欄は、都道府県の窓口備付けのコードブック（総務省編「全国地方公共団体コード」）により該当する市区町村のコードを記入すること。
⑤ 「住所」及び「住所又は所在地」の欄は、④により記入した住所市区町村コード及び市区町村コードによって表される市区町村に続く町名、街区符号、住居番号等を、「丁目」「番」及び「号」をそれぞれ－（ダッシュ）で区切り、上段から左詰めで記入すること。
　　　（記入例省略（18頁1、⑧参照））
⑥ 第一面又は第二面に記載しきれない場合は、同じ様式により作成した書面に記載して当該それぞれの面の次に添付すること。
2　第一面関係
① 「役名コード」の欄は、下表より該当する役名のコードを記入すること。

11	相談役
12	顧問

② 「就任年月日」及び「生年月日」の欄は、最初の□には下表より該当する元号のコードを記入するとともに、□に数字を記入するに当たつては、空位の□に「0」を記入すること。
　　　（記入例、コード表省略（17頁⑥参照））
③ 氏名の「フリガナ」の欄は、カタカナで姓と名の間に1文字分空けて左詰めで記入し、その際、濁点及び半濁点は1文字として扱うこと。また、「氏名」の欄も姓と名の間に1文字分空けて左詰めで記入すること。
3　第二面関係
① 氏名又は名称の「フリガナ」の欄は、カタカナで左詰めで記入し、濁点及び半濁点は1文字として扱うこと。また、「氏名又は名称」の欄も左詰めで記入すること。なお、株主又は出資者が個人である場合には、姓と名の間に1文字分空けて記入すること。
② 「生年月日」の欄は、株主又は出資者が個人の場合にのみ記入すること。その場合に最初の□には下表より該当する元号のコードを記入するとともに、□に数字を記入するに当たつては、空位の□に「0」を記入すること。
　　　（記入例、コード表省略（17頁⑥参照））
③ 「割合」の欄は、株式会社にあつては該当する株主につき保有株式の発行済株式総数に対する割合を、その他の法人にあつては該当する出資者につき出資金額の出資金総額に対する割合を記入すること。

(A4)

添 付 書 類 (5)

事務所を使用する権原に関する書面

事　　項	所有者	事務所の所有者が申請者と異なる場合					
		契約相手	契約日	契約期間	契約形態	用　途	
(事務所名)　本店 (所在地) 千代田区霞が関2-1-3 　　　　(千代田区霞が関2-103)	霞が関不動産株式会社						自社所有の場合
(事務所名)　千葉支店 (所在地) 　千葉市中央区市場町1-1	山川不動産株式会社	山川不動産株式会社	平成7年3月31日	平成13年4月1日より平成15年3月31日	賃貸借	事務所	賃借による場合
(事務所名) (所在地)							
(事務所名) (所在地)							
(事務所名) (所在地)							

左側注記:
- 下記参考を参照
- 契約により自動更新となっている場合は「自動更新」と付記すること
- 免許申請年月日と同じ日付

右側注記:
- 契約上の用途を記入
- 印は、免許申請書と同じもの

上記の記載内容について、事実と相違ないことを誓約します。

　　平成14年 8 月 1 日

　　　　　　　　　商号又は名称　霞が関不動産株式会社
　　　　　　　　　氏　　　名　代表取締役　小神　弘　㊞

備　考
1　「所有者」の欄は、事務所の所有者の氏名又は法人名（法人の代表者名を含む。）を記入すること。
2　「事務所の所有者が申請者と異なる場合」の欄は、事務所の所有者が免許申請者と異なる場合にのみ次により記入すること。
　①　「契約形態」の欄は、賃貸借又は使用貸借の別を記入すること。
　②　「用途」の欄は、登記事項証明書、建物賃貸借契約書又は建物使用貸借契約書等に記載された用途（住居、事務所等）について記入すること。

参　考

「所在地」の欄は、免許申請書に記載した所在地と登記事項証明書、建物賃貸借契約書又は建物使用賃借契約書等に記載された所在地が異なる場合には双方を併記（免許申請書に記載した所在地を上段、それ以外の所在地を（　）下段書き）すること。

(A4)

添付書類(6)
略 歴 書

住　所	東京都千代田区九段南1-6-11 電話番号(03) 3580 - 4313		
(フリガナ) 氏　名	コガミ ヒロシ 小神 弘	生年月日	S28年 9月 1日
職　名	代表取締役	登録番号	

下記参考を参照 → 職名

本人が取引主任者である場合は記入 → 登録番号

職歴	期　間	従事した職務内容
	自 50年 4月 1日 至 　年 　月 　日	桜田門建設㈱営業
	自 55年 4月 1日 至 59年 6月30日	同社東京支店長
	自 59年 7月 1日 至 63年 6月30日	桜田門不動産㈱へ出向、取締役に就任
	自 63年 7月 1日 至 元年 3月31日	桜田門建設㈱取締役に就任
	自 5年 4月 1日 至 　年 　月 　日	霞が関土地建物㈱取締役に就任
	自 7年 4月 1日 至 　年 　月 　日	霞が関不動産㈱に商号変更
	自 10年 7月 1日 至 　年 　月 　日	同社代表取締役に就任　現在に至る
	自 　年 　月 　日 至 　年 　月 　日	
	自 　年 　月 　日 至 　年 　月 　日	
	自 　年 　月 　日 至 　年 　月 　日	

職務内容を付記すること

職歴で主要なものを記入（勤務先等が異なる場合はすべてを記入）

上記のとおり相違ありません。

平成14年 8月 1日　　　　　　氏名　小神 弘　　← 本人の印

免許申請年月日と同じ日付

```
参　考
```

1. 「職名」の欄は、役名、政令第2条の2で定める使用人、専任の取引主任者、相談役又は顧問の別を記入すること。
2. 「登録番号」の欄は、宅地建物取引主任者である場合のみ、その登録番号を記入すること。
3. 「職歴」の欄は、次により記入すること。
   ① 「期間」の欄は、就職・就任等の日から退職・退任等の日まで記入すること。
   ② 「従事した職務内容」の欄は、勤務した法人等の名称及びその職務内容について記入すること。
   ③ 他の法人等の役員又は従業者等を兼務する場合は、そのすべてを記入すること。

※個人業者のみ作成

添 付 書 類 (7)
資 産 に 関 す る 調 書

平成14年 6 月 30 日現在（A4）　　免許申請日（更新を含む）前3ヶ月以内の時点（なるべく直前が好ましい）

この記載例は他の様式の記入と関連がない

資　産	価　格	摘　要
資　産		
現 金 預 金	5,800,000円	
有 価 証 券		
未 収 入 金		
土　　　地	32,000,000円	100坪（千葉市）
建　　　物	70,000,000円	56m² （東京都千代田区）
備　　　品		
権　　　利	70,000円	電話加入権
そ の 他		
計	107,870,000円	
負　債		
借 入 金	22,000,000円	銀行借入れ
未 払 金		
預 り 金		
前 受 金		
そ の 他		
計	22,000,000円	

申請者が時価で見積もる（土地・建物・備品・権利）

「摘要」欄は記載例程度の事項を付記

備　考
1　この調書は、個人の業者のみが記入すること。
2　「権利」とは、営業権、地上権、電話加入権その他の無形固定資産をいう。

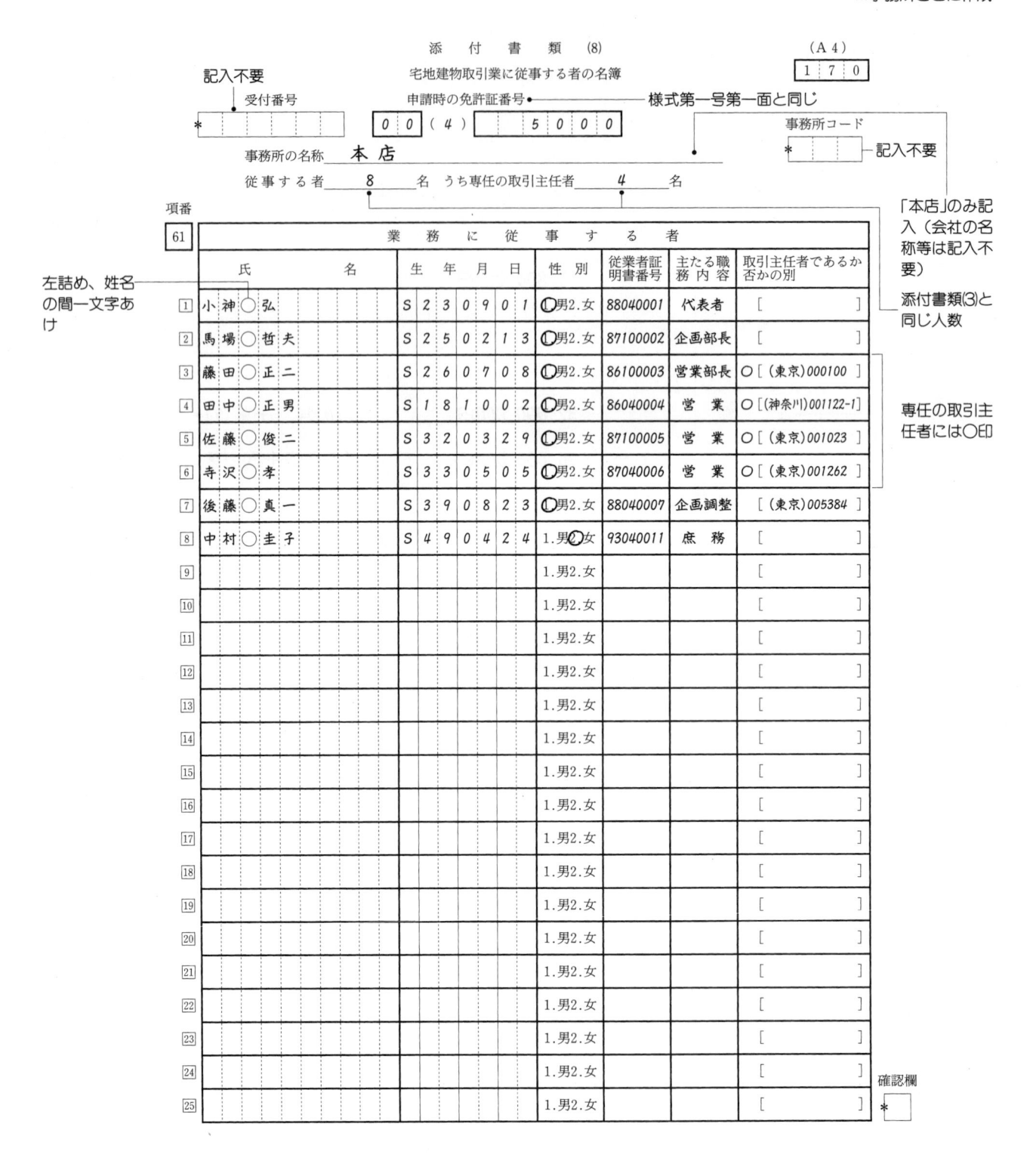

※事務所ごとに作成

添 付 書 類 (8)　　　　　　　　　　　　(A4)
宅地建物取引業に従事する者の名簿　　　　１７０

記入不要
受付番号　　　　申請時の免許証番号　　　様式第一号第一面と同じ
　　　　　　　　００ (４)　　５０００　　　　　　事務所コード
　　　　　　事務所の名称　本店　　　　　　　　　　　　　　　　　記入不要
　　　　　　従事する者　８　名　うち専任の取引主任者　４　名

左詰め、姓名の間一文字あけ

「本店」のみ記入（会社の名称等は記入不要）

添付書類(3)と同じ人数

専任の取引主任者には〇印

項番 61	業務に従事する者					
	氏名	生年月日	性別	従業者証明書番号	主たる職務内容	取引主任者であるか否かの別
1	小神 弘	S 23 09 01	①男 2.女	88040001	代表者	[　　　　　]
2	馬場 哲夫	S 25 02 13	①男 2.女	87100002	企画部長	[　　　　　]
3	藤田 正二	S 26 07 08	①男 2.女	86100003	営業部長	〇[（東京）000100]
4	田中 正男	S 18 10 02	①男 2.女	86040004	営業	〇[（神奈川）001122-1]
5	佐藤 俊二	S 32 03 29	①男 2.女	87100005	営業	〇[（東京）001023]
6	寺沢 孝	S 33 05 05	①男 2.女	87040006	営業	〇[（東京）001262]
7	後藤 真一	S 39 08 23	①男 2.女	88040007	企画調整	[（東京）005384]
8	中村 圭子	S 49 04 24	1.男 ②女	93040011	庶務	[　　　　　]
9			1.男 2.女			[　　　　　]
10			1.男 2.女			[　　　　　]
11			1.男 2.女			[　　　　　]
12			1.男 2.女			[　　　　　]
13			1.男 2.女			[　　　　　]
14			1.男 2.女			[　　　　　]
15			1.男 2.女			[　　　　　]
16			1.男 2.女			[　　　　　]
17			1.男 2.女			[　　　　　]
18			1.男 2.女			[　　　　　]
19			1.男 2.女			[　　　　　]
20			1.男 2.女			[　　　　　]
21			1.男 2.女			[　　　　　]
22			1.男 2.女			[　　　　　]
23			1.男 2.女			[　　　　　]
24			1.男 2.女			[　　　　　]
25			1.男 2.女			[　　　　　]

確認欄

※事務所ごとに作成

添付書類 (8)　　　　　　　　　　(A4)
宅地建物取引業に従事する者の名簿　　1 7 0

記入不要
受付番号　　申請時の免許証番号　──前頁と同じ

0 0 (4) 　 5 0 0 0　　　　事務所コード
　　　　　　　　　　　　　　　　　　　* ──記入不要
事務所の名称　千葉支店

従事する者　5　名　うち専任の取引主任者　2　名

「○○支店」のみ記入（会社の名称等は記入不要）

項番 61

	氏名	生年月日	性別	従業者証明書番号	主たる職務内容	取引主任者であるか否かの別
1	小田嶋 光二	S 31 10 08	①男 2.女	87100107	支店長	[(千葉)000603]
2	笹川 隆	S 36 08 23	①男 2.女	87100108	営業	○ [(千葉)000784]
3	古瀬 正文	S 37 12 06	①男 2.女	87100109	営業	○ [(千葉)000949]
4	山本 英雄	S 41 12 19	①男 2.女	89040110	企画調整	[ ]
5	村田 多恵子	S 39 06 18	1.男 ②女	90040112	庶務	[ ]
6			1.男 2.女			[ ]
7			1.男 2.女			[ ]
8			1.男 2.女			[ ]
9			1.男 2.女			[ ]
10			1.男 2.女			[ ]
11			1.男 2.女			[ ]
12			1.男 2.女			[ ]
13			1.男 2.女			[ ]
14			1.男 2.女			[ ]
15			1.男 2.女			[ ]
16			1.男 2.女			[ ]
17			1.男 2.女			[ ]
18			1.男 2.女			[ ]
19			1.男 2.女			[ ]
20			1.男 2.女			[ ]
21			1.男 2.女			[ ]
22			1.男 2.女			[ ]
23			1.男 2.女			[ ]
24			1.男 2.女			[ ]
25			1.男 2.女			[ ]

添付書類(3)と同じ人数

専任の取引主任者には○印

確認欄
*

2　様式と記載例

備　考

① この書面は、事務所ごとに作成すること。
② 申請者は、＊印の欄には記入しないこと。
③ 「申請時の免許証番号」の欄は、免許換え新規又は更新の場合にのみ記入すること。この場合、免許権者については、下表より該当するコードを記入すること。ただし、免許権者が北海道知事である場合には、51～64のうち該当するコードを記入すること。
　　　（記入例、コード表省略（17頁②参照））
④ 「宅地建物取引業に従事する者」には、営業に従事する者のみならず、宅地建物取引業に係る一般管理部門に所属する者や補助的な事務に従事する者も含めること。
　　また、申請者が個人である場合において、その家族が宅地建物取引業に従事し、又は従事しようとしているときは、その者についても記入すること。
　　なお、宅地建物取引業を他の事業と兼業する場合は、宅地建物取引業に従事する者についてのみ記入すること。
⑤ 「氏名」の欄は、姓と名の間に1文字分空けて左詰めで記入すること。
⑥ 「生年月日」の欄は、最初の□には下表より該当する元号のコードを記入するとともに、□に数字を記入するに当たつては、空位の□に「0」を記入すること。
　　　（記入例）| H | 0 | 1 | 0 | 8 | 2 | 3 |　　　（コード表省略（17頁⑥参照））
　　　　　　　［平成元年8月23日の場合］
⑦ 「性別」の欄は、該当する番号を〇で囲むこと。
⑧ 「従業者証明書番号」の欄は、法第48条第1項の証明書の番号を記入すること。なお、新規の免許の申請の場合には、あらかじめ同項の証明書の番号を定め、その番号を記入すること。
⑨ 取引主任者である者については、［　］内に登録番号を記入し、このうち専任の取引主任者である者については、［　］の前に〇印を付けること。
　　　（記入例）〇［(東京) 000100］　［東京都知事登録第000100号である専任の取引主任者の場合］
⑩ この書面に記載しきれない場合は、同じ様式により作成した書面に記載して当該面の次に添付すること。

※この記載例は、「代表者氏名」に
変更があった場合のもの

様式第三号の二（第四条の二関係）　　　　　　　　　　　（A4）
　　　　　　　　　　　　　　　　　　　　　　　　　　2 1 0

宅地建物取引業者免許証書換え交付申請書

宅地建物取引業者免許証の記載事項に下記のとおり変更を生じましたので、宅地建物取引業法施行規則第4条の2の規定により、宅地建物取引業者免許証の書換え交付を申請します。

平成14年 8 月 11 日 ← 併せて提出する「宅地建物取引業者名簿登載事項変更届出書」の届出年月日と同じ

地方整備局長
北海道開発局長　殿
知事

申請者　商号又は名称　霞が関不動産株式会社
　　　　郵便番号　（ 100-8944 ）
　　　　主たる事務所の所在地　東京都千代田区霞が関2丁目1番3号 ← 変更後の代表者の氏名と印
　　　　氏名　代表取締役　青木 一郎　㊞（代表者印）
　　　　（法人にあつては、代表者の氏名）
　　　　電話番号　（ 03 ）3580 － 4311
記入不要　ファクシミリ番号　（ 03 ）3580 － 4312

受付番号　　　　　　　受付年月日　　　　　　申請時の免許証番号 ← 様式第一号第一面と同じ
＊　　　　　　　　　　＊　　　　　　　　　　0 0 （ 4 ）5 0 0 0 0

変更に係る事項	変更後	変更前	変更年月日
（フリガナ） 商号又は名称			
（フリガナ） 代表者氏名	アオキ　イチロウ 青木 一郎	コガミ　ヒロシ 小神　弘	H14. 8. 1
主たる事務所の所在地			確認欄 ＊

変更のあった事項 → 代表者氏名
変更後の代表者の就任年月日を記入

```
参　考
1　この申請を行う場合には、免許証を添付すること。
2　この書面は、宅地建物取引業免許証の記載事項に変更があった場合に、宅地建物取引業者名簿登載事項変更届出書と併せて提出すること。
3　この書面は、変更のあった事項欄のみ記入すること。
```

備　考
　① 　申請者は、＊印の欄には記入しないこと。
　② 　「申請時の免許証番号」の欄は、免許権者については、下表より該当するコードを記入すること。ただし、免許権者が北海道知事である場合には、51〜64のうち該当するコードを記入すること。

　　（記入例、コード表省略（17頁②参照））

様式第三号の三（第四条の三関係） (A4)

`2 2 0`

宅地建物取引業者免許証再交付申請書

宅地建物取引業法施行規則第4条の3の規定により、下記のとおり宅地建物取引業者免許証の再交付を申請します。

平成14年 8 月 19 日

地方整備局長
北海道開発局長　殿
知事

申請者　商号又は名称　　霞が関不動産株式会社

郵便番号（ 100-8944 ）

主たる事務所の所在地　　東京都千代田区霞が関2丁目1番3号

氏名　代表取締役　青木 一郎
（法人にあつては、代表者の氏名）

㊞ ←代表者印　●印は免許申請書と同じもの

電話番号（ 03 ）3580 － 4311

ファクシミリ番号（ 03 ）3580 － 4312

記入不要 → 受付番号　＊□□□□□□　受付年月日　＊□□□□□□

申請時の免許証番号　`0 0`（ 4 ）`5 0 0 0`

（フリガナ）商号又は名称	カスミガセキフドウサンカブシキガイシャ 霞が関不動産株式会社
（フリガナ）代表者氏名	アオキ イチロウ 青木 一郎
主たる事務所の所在地	東京都千代田区霞が関2丁目1番3号
再交付を申請する理由	1．亡失　　2．滅失　　③汚損　　4．破損 事務所改装時に汚損したため　　　確認欄 ＊□

← 具体的な理由を簡潔な文章で記入

備　考

① 申請者は、＊印の欄には記入しないこと。

② 「申請時の免許証番号」の欄は、免許権者については、下表より該当するコードを記入すること。ただし、免許権者が北海道知事である場合には、51〜64のうち該当するコードを記入すること。
　　（記入例、コード表省略（17頁②参照））

③ 「再交付を申請する理由」の欄は、該当するものの番号を〇で囲み、具体的な理由を記すこと。

④ 汚損又は破損を理由に申請する場合は、その汚損し、又は破損した免許証を添えること。

様式第三号の四（第五条の三関係）　　　　　　　　　　　　　　　　　　　　（A4）

※この記載例は「(1)商号又は名称」以外の事項に変更があった場合のもの

宅地建物取引業者名簿登載事項変更届出書
（第一面）

　2 3 0

下記のとおり、宅地建物取引業者名簿の登載事項のうち、
(1) 商号又は名称　② 代表者又は個人　③ 役員　④ 事務所　⑤ 政令第2条の2で定める使用人
⑥ 専任の取引主任者　について変更がありましたので、宅地建物取引業法第9条の規定により届け出ます。

該当するものの番号を〇で囲む

平成14年12月11日

地方整備局長
北海道開発局長　殿
知事

届出者　商号又は名称　霞が関不動産株式会社
　　　　郵便番号（100-8944）
　　　　主たる事務所の所在地　東京都千代田区霞が関2丁目1番3号
　　　　氏名　代表取締役　青木　一郎　㊞（代表者印）
　　　　（法人にあつては、代表者の氏名）
　　　　電話番号（03）3580-4311
　　　　ファクシミリ番号（03）3580-4312

→変更後の代表者

記入不要→受付番号　　　受付年月日　　　届出時の免許証番号　00（4）5000

項番　◎商号又は名称

| 11 | 変更年月日 | 　年　月　日 |

変更後　フリガナ／商号又は名称
変更前　フリガナ／商号又は名称　　確認欄

→変更の事実の年月日であり、登記の日ではない

この例は、商号又は名称に変更のない場合のもの

◎代表者又は個人に関する事項　　　　　　　　　　変更区分

| 12 | 変更年月日　H 14年 12月 01日 | 1 | 1. 就退任　2. 氏名 |

コード表参照→
変更後
　役名コード　01
　登録番号
　フリガナ　アオキ　イチロウ
　氏名　青木　一郎
　生年月日　S 26年 07月 08日

→取引主任者である場合に記入

就退任の年月日は異なる場合もある

変更前
　変更年月日　H 14年 12月 01日
　役名コード　01
　登録番号
　フリガナ　コガミ　ヒロシ
　氏名　小神　弘
　生年月日　S 23年 09月 01日
　　　　　　　　　　　　　　　　　確認欄

→代表者に変更があった場合

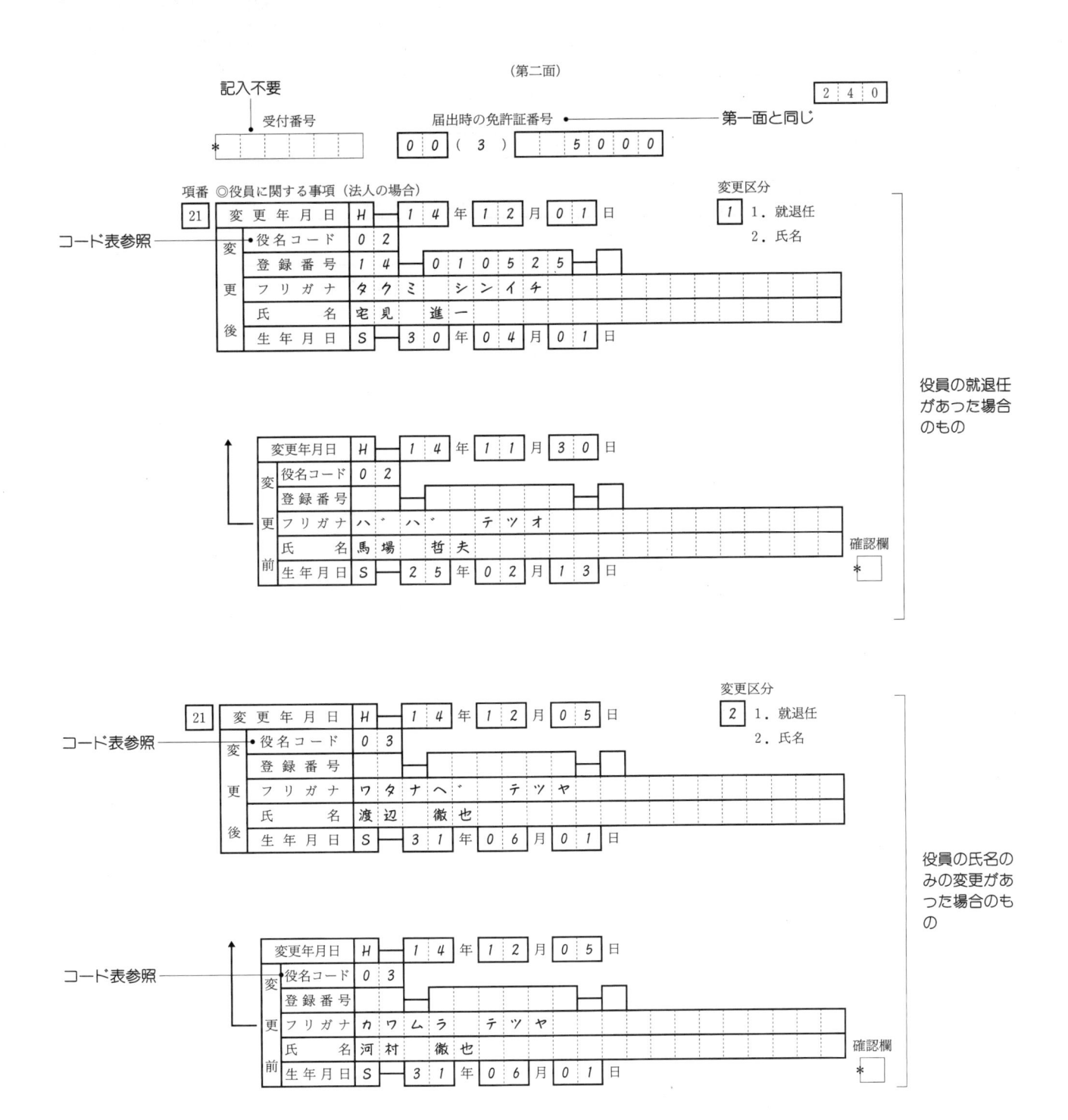

(第二面)

240

記入不要 — 受付番号

届出時の免許証番号 ●————第一面と同じ
0 0 （ 3 ） 5 0 0 0

項番 ◎役員に関する事項（法人の場合）　　　　　　　　　変更区分
[21]

変更後	変更年月日	H 14年 12月 01日
	役名コード	0 2
	登録番号	14 010525
	フリガナ	タクミ　シンイチ
	氏　名	宅見　進一
	生年月日	S 30年 04月 01日

変更区分 [1]　1．就退任　2．氏名

コード表参照

変更前	変更年月日	H 14年 11月 30日
	役名コード	0 2
	登録番号	
	フリガナ	ババ　テツオ
	氏　名	馬場　哲夫
	生年月日	S 25年 02月 13日

確認欄 *

役員の就退任があった場合のもの

[21]

変更後	変更年月日	H 14年 12月 05日
	役名コード	0 3
	登録番号	
	フリガナ	ワタナベ　テツヤ
	氏　名	渡辺　徹也
	生年月日	S 31年 06月 01日

変更区分 [2]　1．就退任　2．氏名

コード表参照

変更前	変更年月日	H 14年 12月 05日
	役名コード	0 3
	登録番号	
	フリガナ	カワムラ　テツヤ
	氏　名	河村　徹也
	生年月日	S 31年 06月 01日

確認欄 *

役員の氏名のみの変更があった場合のもの

コード表参照

参考

① 役員の新たな就任のみの場合（追加）は、「変更後」の欄は記入し、「変更前」の欄は空欄とすること。
② 役員の退任のみの場合は、「変更前」の欄に記入し、「変更後」の欄は空欄とすること。

※この記載例(第四面を含む)は、「従たる事務所」を新設し、事務所、その政令使用人及び専任の取引主任者を届け出る場合のもの

250

(第三面)

記入不要 — 受付番号

届出時の免許証番号 ： 00 (4) 50000 — 第一面と同じ

記入不要

項番
30　事務所の別　2　1．主たる事務所　2．従たる事務所　＊事務所コード

事務所の名称　神奈川支店 — 新設の事務所名（会社名は記入不要）

◎事務所に関する事項

変更区分　1　1．新設・廃止　2．名称・所在地

31　変更年月日　H 14年 12月 01日

変更後
- 事務所の別　2　1．主たる事務所　2．従たる事務所　＊事務所コード
- 事務所の名称　神奈川支店
- 郵便番号　231-0911
- 所在地市区町村コード　14104　神奈川 都道府⑲　横浜 ⑪郡区　中 ⓧ町村
- 所在地　港町1-1
- 電話番号　045-671-2222
- 従事する者の数　3

114頁以降参照

変更前
- 変更年月日　　年　月　日
- 事務所の名称
- 所在地

確認欄 ＊

新設事務所に関する事項を記入

◎政令第2条の2で定める使用人に関する事項

変更区分　1．就退任　2．氏名

32　変更年月日　H 14年 12月 01日

変更後
- 登録番号
- フリガナ　ニシカワ　マコト
- 氏名　西川　誠
- 生年月日　S 31年 10月 05日

変更前
- 変更年月日　　年　月　日
- 登録番号
- フリガナ
- 氏名
- 生年月日　　年　月　日

確認欄 ＊

上記新設事務所の政令使用人に関する事項を記入

参考

① 従たる事務所の新設の場合は、「変更後」の欄に記入し、「変更前」の欄は空欄とすること。
② 従たる事務所の廃止の場合は、「変更前」の欄に記入し、「変更後」の欄は空欄とすること。

(第四面)

260

受付番号	届出時の免許証番号
＊	0 0 （ 4 ） 5 0 0 0

項番
30	事務所の別	2	1．主たる事務所　2．従たる事務所	＊事務所コード	
	事務所の名称	神奈川支店			

第三面と同じ

◎専任の取引主任者に関する事項

変更区分　1　1．就退任　2．氏名

41	変更年月日	H 14 年 12 月 01 日
変更後	登録番号	14 - 021064
	フリガナ	クボタ　カズマ
	氏名	久保田　一馬
	生年月日	S 38 年 5 月 13 日

変更前	変更年月日	年 月 日
	登録番号	
	フリガナ	
	氏名	

確認欄 ＊

新設事務所の専任の取引主任者を置いた場合（新設事務所なので「変更前」の欄は空欄）

変更区分　□　1．就退任　2．氏名

41	変更年月日	年 月 日
変更後	登録番号	
	フリガナ	
	氏名	
	生年月日	年 月 日

変更前	変更年月日	年 月 日
	登録番号	
	フリガナ	
	氏名	

確認欄 ＊

専任の取引主任者を複数置いた場合に記入

(第三面)

※この記載例（第四面を含む）は、支店名称を変更した場合のもの（併せてその専任の取引主任者も異動）

| 2 | 5 | 0 |

受付番号　＊□□□□□□
届出時の免許証番号　0 0 （ 4 ） □□ 5 0 0 0

項番
| 30 | 事務所の別 | 2 | 1．主たる事務所　2．従たる事務所 | ＊事務所コード |
| 事務所の名称 | 千葉支店 | ── 変更前の事務所の名称

◎事務所に関する事項

変更区分　2　1．新設・廃止　2．名称・所在地

| 31 | 変更年月日 | H 14年 12月 03日 |

変更後
- 事務所の別　2　1．主たる事務所　2．従たる事務所　＊事務所コード
- 事務所の名称　千葉中央支店 ── 変更後の事務所の名称
- 郵便番号　260－0055
- 所在地市区町村コード　12101　千葉　都道府⦿県　千葉　⦿市郡区　中央　区⦿町村
- 所在地　市場町1－1
- 電話番号　043－223－2249
- 従事する者の数　5

変更前
- 変更年月日　H 14年 12月 03日
- 事務所の名称　千葉支店 ── 変更前の事務所の名称
- 所在地　千葉県千葉市中央区市場町1－1
- 確認欄　＊

◎政令第2条の2で定める使用人に関する事項

変更区分　□　1．就退任　2．氏名

| 32 | 変更年月日 | 　年　月　日 |

変更後
- 登録番号
- フリガナ
- 氏名
- 生年月日　　年　月　日

変更前
- 変更年月日　　年　月　日
- 登録番号
- フリガナ
- 氏名
- 生年月日　　年　月　日
- 確認欄　＊

政令使用人には異動がない場合のもの（事務所の名称変更に併せて政令使用人に異動がある場合は記入）

40

(第四面)

受付番号	届出時の免許証番号
＊	００ (４) ５０００

２６０

前頁の第三面と同じ

項番 30　事務所の別　２　１．主たる事務所　２．従たる事務所　＊事務所コード

事務所の名称　千葉支店

◎専任の取引主任者に関する事項

変更区分　１　１．就退任　２．氏名

項番 41

変更後
- 変更年月日　H １４年１２月０３日
- 登録番号　１２－００１１２２
- フリガナ　トミタ　マサヨシ
- 氏名　冨田　政義
- 生年月日　S ３６年 ６月 １８日

変更前
- 変更年月日　H １４年１２月０３日
- 登録番号　１２－０００９４９
- フリガナ　フルセ　マサフミ
- 氏名　古瀬　正文

確認欄　＊

当該名称変更する事務所の専任の取引主任者に異動があった場合

項番 41

変更区分　１．就退任　２．氏名

変更後
- 変更年月日　　年　月　日
- 登録番号
- フリガナ
- 氏名
- 生年月日　　年　月　日

変更前
- 変更年月日　　年　月　日
- 登録番号
- フリガナ
- 氏名

確認欄　＊

同上の場合で２名以上の異動・変更があった場合に記入

参考

① 専任の取引主任者の就任のみの場合は、「変更後」の欄に記入し、「変更前」の欄は空欄とすること。
② 専任の取引主任者の退任のみの場合は、「変更前」の欄に記入し、「変更後」の欄は空欄とすること。

備　考
1　各面共通関係
① 届出者は＊印の欄には記入しないこと。
② 「届出時の免許証番号」の欄は、免証権者については、下表より該当するコードを記入すること。ただし、免許権者が北海道知事である場合には、51～64のうち該当するコードを記入することとし、信託会社及び信託業務を兼営する銀行については、(記入例) ④に従うこと。

　　(記入例) ⑦ ｜0｜0｜ (5) ｜　｜　｜1｜0｜0｜　[国土交通大臣 (5) 第100号の場合]
　　　　　　 ④ ｜9｜9｜ ( ) ｜　｜　｜　｜5｜0｜　[国土交通大臣届出第50号の場合]

　　(コード表省略（17頁②参照))

③ 「変更年月日」及び「生年月日」の欄は、最初の□には下表より該当する元号のコードを記入するとともに、□に数字を記入するに当たつては、空位の□に「0」を記入すること。

　　(記入例、コード表省略（17頁⑥参照))

④ 「役名コード」の欄は、下表より該当する役名のコードを記入すること。
　ア　個人の場合には記入しないこと。
　イ　代表取締役が複数存在するときには、そのすべての者について「01」を記入すること。
　ウ　農業協同組合法等に基づく代表理事の場合には、「01」を記入すること。

　　(コード表省略（17頁③参照))

⑤ 「登録番号」の欄は、宅地建物取引主任者である場合にのみ、その登録番号を記入すること。この場合、登録を受けている都道府県知事については、上記②の表より該当するコードを記入すること。ただし、北海道知事の登録を受けている場合には、51～64のうち該当するコードを記入すること。また、登録番号に「選考」とある場合にのみ最後の□に「1」を記入すること。

　　(記入例省略（17頁④参照))

⑥ 氏名の「フリガナ」の欄は、カタカナで姓と名の間に1文字分空けて左詰めで記入し、その際、濁点及び半濁点は1文字として扱うこと。また、「氏名」の欄も姓と名の間に1文字分空けて左詰めで記入すること。

⑦ 「所在地市区町村コード」の欄は、都道府県の窓口備付けのコードブック（総務省編「全国地方公共団体コード」）により該当する市区町村のコードを記入すること。

⑧ 「所在地」の欄は、⑦により記入した所在地市区町村コードによつて表される市区町村に続く町名、街区符号、住居番号等を、「丁目」「番」及び「号」をそれぞれ―（ダッシュ）で区切り、上段から左詰めで記入すること。

　　(記入例省略（18頁1、⑧参照))

2　第一面関係
① (1)から(6)までの事項については、該当するものの番号を○で囲むこと。
② 商号又は名称の「フリガナ」の欄は、カタカナで上段から左詰めで記入し、その際、濁点及び半濁点は1文字として扱うこと。また、「商号又は名称」の欄も、上段から左詰めで記入すること。
③ 項番｜12｜の届出は、次の区分に応じ、それぞれ当該区分に定めるところにより作成すること。
　ア　代表者に交代があつた場合
　　　「変更区分」の欄に「1」を記入するとともに、「変更後」の欄及び「変更前」の欄の両方に記載すること。
　イ　代表者の氏名に変更があつた場合
　　　「変更区分」の欄に「2」を記入するとともに、「変更後」の欄及び「変更前」の欄の両方に記載すること。

3　第二面関係
　項番｜21｜の届出は、次の区分に応じ、それぞれ当該区分に定めるところにより作成すること。

ア　代表者以外の役員に交代があつた場合

　　　「変更区分」の欄に「1」を記入するとともに、「変更後」の欄及び「変更前」の欄の両方に記載すること。

　　イ　代表者以外の役員に新たな者を追加した場合

　　　「変更区分」の欄に「1」を記入するとともに、「変更後」の欄にのみ記載すること。

　　ウ　代表者以外の役員を削減した場合

　　　「変更区分」の欄に「1」を記入するとともに、「変更前」の欄にのみ記載すること。

　　エ　代表者以外の役員の氏名に変更があつた場合

　　　「変更区分」の欄に「2」を記入するとともに、「変更後」の欄及び「変更前」の欄の両方に記載すること。

4　第三面関係

① 第三面は、項番 30 の事務所ごとに作成すること。

② 「事務所の別」の欄は、該当する番号を記入すること。

③ 項番 30 の「事務所の別」及び「事務所の名称」の欄は、その変更の有無にかかわらず、変更前の「事務所の別」及び「事務所の名称」を記入すること。ただし、事務所を新設した場合は、当該事務所の「事務所の別」及び「事務所の名称」を記入すること。

④ 項番 31 の届出は、次の区分に応じ、それぞれ当該区分に定めるところにより作成すること。

　　ア　事務所を新設した場合

　　　「変更区分」の欄に「1」を記入するとともに、「変更後」の欄にのみ記載すること。

　　イ　事務所を廃止した場合

　　　「変更区分」の欄に「1」を記入するとともに、「変更前」の欄にのみ記載すること。

　　ウ　事務所の名称又は所在地に変更があつた場合

　　　「変更区分」の欄に「2」を記入するとともに、「変更後」の欄及び「変更前」の欄の両方に記載すること。

⑤ 「電話番号」の欄は、市外局番、市内局番、番号をそれぞれ―（ダッシュ）で区切り、左詰めで記入すること。

　　（記入例省略（19頁4、③参照））

⑥ 「従事する者の数」の欄は、右詰めで記入すること。

⑦ 項番 32 の届出は、次の区分に応じ、それぞれ当該区分に定めるところにより、項番 30 の事務所ごとに作成すること。

　　ア　政令第2条の2で定める使用人に交代があつた場合

　　　「変更区分」の欄に「1」を記入するとともに、「変更後」の欄及び「変更前」の欄の両方に記載すること。

　　イ　事務所の新設に伴い、政令第2条の2で定める使用人を就任させた場合

　　　「変更区分」の欄に「1」を記入するとともに、「変更後」の欄にのみ記載すること。

　　ウ　事務所の廃止に伴い、政令第2条の2で定める使用人を退任させた場合

　　　「変更区分」の欄に「1」を記入するとともに、「変更前」の欄にのみ記載すること。

　　エ　政令第2条の2で定める使用人の氏名に変更があつた場合

　　　「変更区分」の欄に「2」を記入するとともに、「変更後」の欄及び「変更前」の欄の両方に記載すること。

5　第四面関係

① 第四面は、項番 30 の事務所ごとに作成すること。

② 「事務所の別」の欄は、該当する番号を記入すること。

③ 項番 30 の「事務所の別」及び「事務所の名称」の欄は、その変更の有無にかかわらず、変更前の「事務所の別」及び「事務所の名称」を記入すること。ただし、事務所を新設した場合は、当該事務所の「事務所の別」及び「事務所の名称」を記入すること。

④ 項番 41 の届出は、次の区分に応じ、それぞれ当該区分に定めるところにより、項番 30 の事務所ごとに作成す

ること。

ア　専任の取引主任者に交代があつた場合

「変更区分」の欄に「1」を記入するとともに、「変更後」の欄及び「変更前」の欄の両方に記載すること。

イ　専任の取引主任者に新たな者を追加した場合

「変更区分」の欄に「1」を記入するとともに、「変更後」の欄にのみ記載すること。

ウ　専任の取引主任者を削減した場合

「変更区分」の欄に「1」を記入するとともに、「変更前」の欄にのみ記載すること。

エ　専任の取引主任者の氏名に変更があつた場合

「変更区分」の欄に「2」を記入するとともに、「変更後」の欄及び「変更前」の欄の両方に記載すること。

様式第三号の五（第五条の五関係） (A4)
2 7 0

廃 業 等 届 出 書

※この記載例は、いわゆる廃業による届出の場合のもの

宅地建物取引業法第11条第1項の規定により、下記のとおり届け出ます。

平成14年 12 月 9 日

地方整備局長
北海道開発局長　殿
　　　知事

届出者　住　所　東京都千代田区霞が関2丁目1番3号
　　　　氏　名　代表取締役　青木　一郎　㊞（代表者印）

―免許申請書及び変更届と同じ（届出者は、次頁参考参照）

記入不要
受付番号　　受付年月日　　届出時の免許証番号
＊　　　　　＊　　　　　0 0（ 4 ）　5 0 0 0

届出の理由	1．死亡　2．合併による消滅　3．破産手続開始の決定　4．解散　⑤廃止
商号又は名称	霞が関不動産株式会社
氏　名 （法人にあっては、代表者の氏名）	青木　一郎
主たる事務所の所在地	東京都千代田区霞が関2丁目1番3号
届出事由の生じた日	平成14年12月1日
宅地建物取引業者と届出人との関係	1．相続人　2．元代表役員　3．破産管財人　4．清算人　⑤本人

確認欄
＊

2　様式と記載例　45

備　考
① 届出者は、＊印の欄には記入しないこと。
② 「届出時の免許証番号」の欄は、免許権者については、下表より該当するコードを記入すること。ただし、免許権者が北海道知事である場合には、51～64のうち該当するコードを記入すること。
　　（記入例、コード表省略（17頁②参照））
③ 「届出の理由」及び「宅地建物取引業者と届出人との関係」の欄は、該当するものの番号を〇で囲むこと。
④ 死亡の場合にあつては、「届出事由の生じた日」の欄に死亡の事実を知つた日を付記すること。

> **参　考**
>
> 　宅地建物取引業者が、次に掲げる事項に該当することとなった場合は、免許を受けた国土交通大臣又は都道府県知事に届け出ることが必要です。
> 　(1)　死亡（個人）
> 　(2)　合併による消滅（法人）
> 　(3)　破産（法人又は個人）
> 　(4)　合併及び破産以外の理由による解散（法人）
> 　(5)　廃止（法人又は個人）
> 　この届出は、届出事由が生じた日から30日以内に行わなければならないこととなっていますが、宅地建物取引業者（個人）が死亡した場合は、相続人がその事実を知った日から30日以内となっています。
> 　なお、免許の効力は、宅地建物取引業者（個人）が死亡した場合又は法人が合併により消滅した場合には、届出をまたず、その事実が発生したときに失効します。
> 　その他の場合、すなわち宅地建物取引業者が破産した場合、合併及び破産以外の理由により解散した場合又は廃業した場合には、その届出をしたときに失効します。
> 　１．提出書類　「廃業等届出書」
> 　２．添付書類　　免許証原本

＜営業保証金供託済届出等関係＞

※この記載例は、「様式第三号の四」第三面（38頁）の従たる事務所の新設の場合のもの

様式第七号の六（第十五条の五関係）

（A4）
410

営業保証金供託済届出書

平成14年 10 月 15 日

地方整備局長
北海道開発局長　殿
知事

届出者　商号又は名称　　霞が関不動産株式会社
　　　　郵便番号（ 100-8944 ）
　　　　主たる事務所の所在地　東京都千代田区霞が関2丁目1番3号
　　　　氏　名　　青木 一郎　㊞ ●——名簿登載事項変更届の印と同じ
　　　　（法人にあっては、代表者の氏名）（代表者印）
　　　　電話番号（ 03 ）3580 － 4311
　　　　ファクシミリ番号（ 03 ）3580 － 4312

下記のとおり、宅地建物取引業に係る営業保証金を供託しましたので、供託物受入れの記載のある供託書の写しを添付して届け出ます。

記入不要

受付番号	受付年月日	届出時の免許証番号
＊	＊	0 0 （ 4 ） 5 0 0 0 0

●——名簿登載事項変更届と同じ

供託の原因	1．新規免許の取得（法第25条）　2．事務所の新設（法第26条） 3．不足額の発生（法第28条）　4．保管替え等（法第29条） 5．宅地建物取引業保証協会の社員の地位の喪失（法第64条の15） 6．変換（差し替え）
2	

供託書の（写）をみて記入

	供託番号	供託年月日	供託所
H14 年度　1.金 ②.証 3.国　第 300 号	平成14年 10 月 1 日	東京 法務局　支局 出張所

金銭の場合の供託額（円）		
有価証券の場合の供託額	額面	5,000,000 円
有価証券の場合の営業保証金に充当される額（円）		5 0 0 0 0 0 0
振替国債の場合の供託額（円）		

変換の場合には、変換前の供託物に関する事項		供託番号		供託年月日
	年度 1.金 2.証 3.国	第	号	年 月 日
	年度 1.金 2.証 3.国	第	号	年 月 日
	年度 1.金 2.証 3.国	第	号	年 月 日

今回の供託に係る事務所に関する事項	名称	所在地
	神奈川支店	神奈川県横浜市中区港町1－1

確認欄
＊

備　考

① 届出者は、＊印の欄には記入しないこと。

② 「届出時の免許証番号」の欄は、免許権者については、下表より該当するコードを記入すること。ただし、免許権者が北海道知事である場合には、51〜64のうち該当するコードを記入することとし、信託会社及び信託業務を兼営する銀行については、（記入例）④に従うこと。

（記入例、コード表省略（42頁１、②、17頁②参照））

③ 「供託の原因」の欄は、該当する番号を記入すること。

④ 「供託番号」の欄は、右詰めで、最初の□には下表より該当する元号のコードを記入すること。

（記入例）| H |　| 1 |年度| 1.金 ②.証 3.国 |第|　|　|　| 5 | 0 | 0 |号　［平成元年度　証　第500号の場合］

| S | 昭和 | H | 平成 |

⑤ 「金銭の場合の供託額」の欄は、右詰めで記入すること。

（記入例）|　|　|　| 5 | 0 | 0 | 0 | 0 | 0 | 0 |　［金銭　500万円の場合］

⑥ 「有価証券の場合の供託額」の欄は、その額面金額を記入すること。

（記入例）| 額面　　　　　5,000,000円 |　［地方債証券　500万円の場合］

⑦ 「有価証券の場合の営業保証金に充当される額」の欄は、その有価証券を営業保証金に充てることができる金額を記入すること。

（記入例）|　|　|　| 4 | 5 | 0 | 0 | 0 | 0 | 0 |　［地方債証券　500万円の場合］

⑧ 有価証券のうち振替国債を供託する場合は、「振替国債の場合の供託額」の欄に、その金額を記入すること。

⑨ 「今回の供託に係る事務所に関する事項」の欄は、供託の原因が不足額の発生である場合には記入しないこと。

＜宅地建物取引主任者登録関係＞

様式第五号（第十四条の三関係）

※この記載例は、東京都知事が行った試験に合格した者に係る場合のもの

（Ａ４）
3 1 0

登 録 申 請 書

（第一面）

宅地建物取引業法第19条第１項の規定により、同法第18条第１項の登録を申請します。

平成15年 4 月 1 日

東京都　知事 殿

郵便番号（ 182-0066 ）
申請者 住 所　東京都調布市小島町２丁目35番１号
氏 名　山田 太郎　㊞

- 上半身のカラー写真（６ケ月以内）　2.4cm × 3cm
- 記入不要：受付番号、受付年月日、登録番号
- 外国人の場合は、本名又は通称名のいずれか登録希望の氏名を記入

項番 ◎申請者に関する事項

11
フリガナ	ヤマダ タロウ
氏 名	山田 太郎
生年月日	S 36年 08月 23日　性別 1（1.男 2.女）
郵便番号	182-0066
住所市区町村コード	13208　東京（都）道府県　調布（市）郡区　区町村
住 所	小島町２－35－１
電話番号	0424-81-7112
本籍市区町村コード	13208　東京（都）道府県　調布（市）郡区　区町村
本 籍	小島町弐丁目参拾五番壱号

114頁以降参照

備考参照　確認欄 *

◎実務経験に関する事項

12
実務経験先の免許証番号	13(6) 021034　商号又は名称 有限会社丸の内住宅
実務経験先での職務内容	営業　期間 H100601～H120930
実務経験先の免許証番号	00(2) 4577　商号又は名称 千代田不動産株式会社
実務経験先での職務内容	営業　期間 H121001～H150331
実務経験先の免許証番号	( )　商号又は名称
実務経験先での職務内容	期間 ～
合 計	4年 10月

備考参照　確認欄 *

◎国土交通大臣の認定に関する事項

13 認定コード [ ]　認定年月日 [ ]年[ ]月[ ]日　確認欄 *

認定コード表参照

◎試験に関する事項

14 合格証書番号 95134995　合格年月日 H 13年 12月 03日　確認欄 *

合格証書より転記

◎業務に従事する宅地建物取引業者に関する事項

15
商号又は名称	千代田不動産株式会社
免許証番号	00(3) 4577

確認欄 *

※この「第一面」の次に「第二面」の様式がありますが、「証紙欄」ではり付け用紙（Ａ４）ですので掲載を省略しています（消印してはいけません。）

2　様式と記載例　49

参 考

1 試験に合格した人で、次のいずれかの一つに該当し、2の欠格要件に該当しない人は、当該試験を行った都道府県知事の登録を受けることができます。
① 登録申請前10年以内に2年以上の宅地又は建物の取引に関する実務経験のある人
② 財団法人　不動産流通近代化センターが実施する、宅地又は建物の取引に関する実務講習を修了した人
③ 国、地方公共団体又はこれらの出資を伴い設立された法人における宅地又は建物取得、交換又は処分に関する業務に主して従事した期間が通算して2年以上（登録申請前10年以内）である人

2 次のいずれかの一つに該当する人は、登録できません（欠格要件）。
① 宅地建物取引業に係る営業に関し成年者と同一の能力を有しない未成年者
② 禁治産者又は準禁治産者
③ 破産者で復権を得ないもの
④ 第66条第1項第八号又は第九号に該当することにより第3条第1項の免許を取り消され、その取消しの日から5年を経過しない者（当該免許を取り消された者が法人である場合においては、当該取消しに係る聴聞の期日及び場所の公示日前60日以内にその法人の役員であった者で当該取消しの日から5年を経過しないもの）
⑤ 第66条第1項第八号又は第九号に該当するとして免許の取消処分の聴聞の期日及び場所が公示された日から当該処分をする日又は当該処分をしないことを決定する日までの間に第11条第1項第五号の規定による届出があった者（宅地建物取引業の廃止について相当の理由がある者を除く。）で当該届出の日から5年を経過しないもの
⑥ 第5条第1項第二号の3に該当する者
　　禁錮以上の刑に処せられ、その刑の執行を終わり、又は執行を受けることがなくなった日から5年を経過しない者
⑦ この法律若しくは暴力団員による不当な行為の防止等に関する法律に違反したことにより、又は刑法第204条、第206条、第208条、第208条の2、第222条若しくは第247条の罪若しくは暴力行為等処罰に関する法律の罪を犯したことにより、罰金の刑に処せられ、その刑の執行を終わり、又は執行を受けることがなくなった日から5年を経過しない者
⑧ 第68条の2第1項第二号から第四号まで又は同条第2項第二号若しくは第三号のいずれかに該当することにより登録の消除の処分を受け、その処分の日から5年を経過しない者
⑨ 第68条の2第1項第二号から第四号まで又は同条第2項第二号若しくは第三号のいずれかに該当するとして登録の消除の処分の聴聞の期日及び場所が公示された日から当該処分をする日又は当該処分をしないことを決定する日までの間に登録の消除の申請をした者（登録の消除の申請について相当の理由がある者を除く。）で当該登録が消除された日から5年を経過しないもの
⑩ 第68条第2項又は第4項の規定による禁止の処分を受け、その禁止の期間中に第22条第一号の規定によりその登録が消除され、まだその期間が満了しない者

備　考

① 申請者は、＊印の欄には記入しないこと。
② 氏名の「フリガナ」の欄は、カタカナで姓と名の間に1文字分空けて左詰めで記入し、その際、濁点及び半濁点は1文字として扱うこと。また、「氏名」の欄も姓と名の間に1文字分空けて左詰めで記入すること。
③ 「生年月日」、「認定年月日」及び「合格年月日」の欄は、最初の□には下表より該当する元号のコードを記入するとともに、□に数字を記入するに当たつては、空位の□に「0」を記入すること。
　　（記入例、コード表省略（17頁⑥参照））
④ 「性別」の欄は、該当する番号を記入すること。
⑤ 「住所市区町村コード」の欄は、都道府県の窓口備付けのコードブック（総務省編「全国地方公共団体コード」）により該当する市区町村のコードを記入すること。
⑥ 「住所」の欄は、⑤により記入した住所市区町村コードによつて表される市区町村に続く町名、街区符号、住居番号等を、「丁目」「番」及び「号」をそれぞれ － （ダッシュ）で区切り、上段から左詰めで記入すること。
　　（記入例省略（18頁1、⑧参照））
⑦ 「電話番号」の欄は、市外局番、市内局番、番号をそれぞれ － （ダッシュ）で区切り、左詰めで記入すること。
　　（記入例省略（19頁4、③参照））
⑧ 「本籍市区町村コード」の欄は、都道府県の窓口備付けのコードブック（総務省編「全国地方公共団体コード」）により、本籍地の所在する市区町村のコードを記入すること。なお、外国籍の場合には、｜９｜９｜０｜０｜０｜０｜と記入すること。
⑨ 「本籍」の欄は、⑧により記入した本籍市区町村コードによつて表される市区町村に続く町名、街区符号、住居番号等を、戸籍のとおりに、上段から左詰めで記入すること。なお、外国籍の場合には記入しないこと。
　　（記入例）｜霞｜が｜関｜弐｜丁｜目｜壱｜番｜参｜号｜
⑩ 「免許証番号」の欄は、免許権者については、下表より該当するコードを記入すること。ただし、免許権者が北海道知事である場合には、51～64のうち該当するコードを記入することとし、信託会社及び信託業務を兼営する銀行については、（記入例）④に従うこと。
　　（記入例、コード表省略（42頁1、②、17頁②参照））
⑪ 「実務経験に関する事項」の「商号又は名称」の欄は、左詰めで記入すること。
⑫ 「実務経験に関する事項」について記入しきれないときは、欄外に必要事項を記入し、「合計」の欄は、欄外に記入した実務経験を含めて記入すること。
⑬ 「期間」の欄は、それぞれ、最初の□には下表より該当する元号のコードを記入するとともに、□に数字を記入するに当たつては、空位の□に「0」を記入すること。
　　（記入例）｜H｜0｜1｜1｜1｜0｜3｜～｜H｜0｜2｜1｜2｜3｜1｜　　｜S｜昭和｜H｜平成｜
　　　　［平成元年11月3日から平成2年12月31日までの場合］
⑭ 「認定コード」の欄は、下表より該当する認定の内容のコードを記入すること。

1	国土交通大臣が指定する宅地又は建物の取引に関する実務についての講習を修了した者
2	国、地方公共団体又はこれらの出資を伴い設立された法人における宅地又は建物の取得、交換又は処分に関する業務に主として従事した期間が通算して2年以上である者
3	上記に掲げる者のほか、国土交通大臣が宅地建物取引業法第18条第1項に規定する宅地又は建物の取引に関し国土交通省令で定める期間以上の実務の経験を有する者と同等以上の能力を有すると認めた者

⑮ 「合格証書番号」の欄は、右詰めで記入すること。
⑯ 業務に従事する宅地建物取引業者に関する事項の「商号又は名称」の欄は、上段から左詰めで記入すること。

様式第五号の二（第十四条の三関係） (A4)

実 務 経 験 証 明 書

	（フリガナ） 被証明者氏名	ヤマダ　タロウ 山田　太郎

← 証明を受けようとする者の氏名

実務経験先及び在職期間		証　明　者	
免許証番号	東京都知事(6)21034	免許証番号	国土交通大臣 （ 6 ）第 21034 号 東京都知事
商号又は名称	有限会社　丸の内住宅	商号又は名称	有限会社　丸の内住宅
職務内容	営　業		
従業者証明書番号	88060012		
在職期間	平成10年　6月　1日から 平成12年　9月　30日まで 2年　4月間	代表者氏名	髙橋　茂　㊞
免許証番号	国土交通大臣(3)4577	免許証番号	国土交通大臣 （ 3 ）第 4577 号 知事
商号又は名称	千代田不動産株式会社	商号又は名称	千代田不動産株式会社
職務内容	営　業		
従業者証明書番号	90100005		
在職期間	平成12年　10月　1日から 平成15年　3月　31日まで 2年　6月間	代表者氏名	千代田　一男　㊞
免許証番号		免許証番号	国土交通大臣 （　）第　　号 知事
商号又は名称		商号又は名称	
職務内容			
従業者証明書番号			
在職期間	年　月　日から 年　月　日まで 年　月間	代表者氏名	㊞
	在職期間計　4年　10月間		

← 実務経験先

→ 実務経験先の証明者に関する事項

← 登録申請前10年以内に2年以上の実務経験必要

備　考
1. 証明は実務経験先の宅地建物取引業者等が行うものとし、申請者が宅地建物取引業者（法人であるときはその役員）であるときは、他の宅地建物取引業者等が証明すること。
2. 証明者が法人である場合においては、代表者が証明すること。
3. 実務経験先の免許が変更されているときは、区別して記載すること。

様式第六号（第十四条の三関係） 　　　　　　　　　　　　　　　　（A4）

誓　約　書

　私は、宅地建物取引業法第18条第1項第4号から第8号までに該当しない者であることを誓約します。

登録申請年月　　　平成15年　4　月　1　日
日と同じ日付

　　　　　　　　　　　　　　　　　　　　氏　　名　山田　太郎　㊞　——本人のもの

　　　東京都　知　事　殿

様式第六号の二（第十四条の五関係）

※この記載例は、東京都知事の登録を受けている者が、従事する業者の変更に伴い、大阪府知事に登録移転する場合のもの

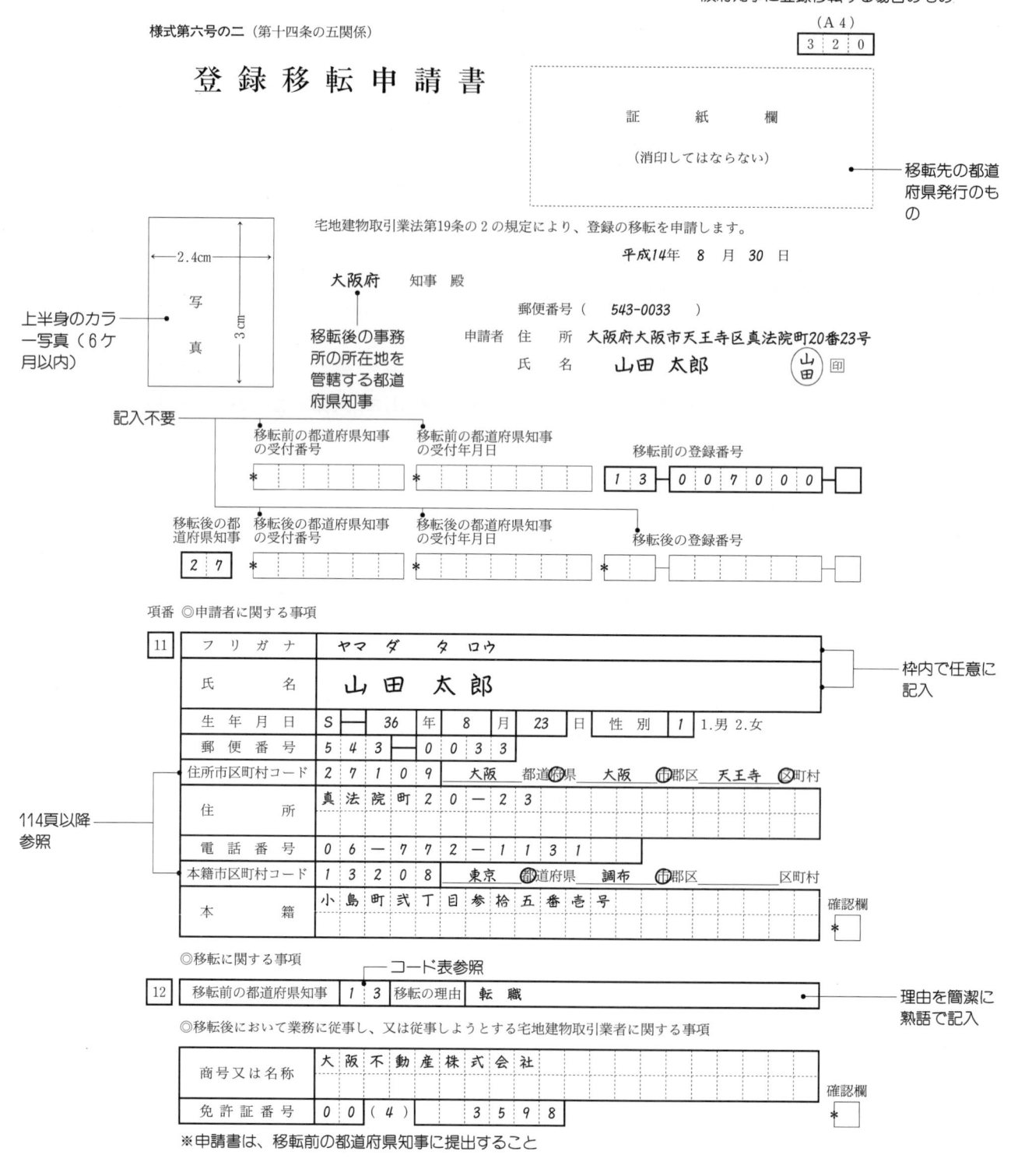

(A4)
| 3 | 2 | 0 |

登録移転申請書

証　紙　欄

（消印してはならない）

― 移転先の都道府県発行のもの

宅地建物取引業法第19条の2の規定により、登録の移転を申請します。

平成14年 8月 30日

大阪府 知事 殿

郵便番号（ 543-0033 ）

申請者 住　所　大阪府大阪市天王寺区真法院町20番23号
　　　　氏　名　山田 太郎　㊞

上半身のカラー写真（6ケ月以内）― 写真 2.4cm × 3cm

移転後の事務所の所在地を管轄する都道府県知事

記入不要 ― 移転前の都道府県知事の受付番号 / 移転前の都道府県知事の受付年月日

移転前の登録番号： 1 3 - 0 0 7 0 0 0 0

移転後の都道府県知事： 2 7
移転後の都道府県知事の受付番号 / 移転後の都道府県知事の受付年月日 / 移転後の登録番号

項番　◎申請者に関する事項

11	フリガナ	ヤマダ タロウ
	氏　名	山田 太郎
	生年月日	S 36年 8月 23日　性別 1　1.男 2.女
	郵便番号	543-0033
	住所市区町村コード	27109　大阪 都道㊥県　大阪 ㊂郡区　天王寺 ㊂町村
	住　所	真法院町20-23
	電話番号	06-772-1131
	本籍市区町村コード	13208　東京 ㊚道府県　調布 ㊂郡区　　区町村
	本　籍	小島町弐丁目参拾五番壱号

枠内で任意に記入

114頁以降参照

確認欄 *

◎移転に関する事項　　コード表参照

| 12 | 移転前の都道府県知事 | 1 3 | 移転の理由 | 転職 |

理由を簡潔に熟語で記入

◎移転後において業務に従事し、又は従事しようとする宅地建物取引業者に関する事項

| 商号又は名称 | 大阪不動産株式会社 |
| 免許証番号 | 00 (4) 3598 |

確認欄 *

※申請書は、移転前の都道府県知事に提出すること

備　考
① あて名は移転後の都道府県知事とし、その都道府県の発行する証紙をはり付けること。なお、申請書の提出は移転前の都道府県知事にすること。
② 申請者は、＊印の欄には記入しないこと。
③ 「移転前の登録番号」の欄は、登録を受けている都道府県知事については、下表より該当するコードを記入すること。ただし、北海道知事の登録を受けている場合には、51〜64のうち該当するコードを記入すること。また、登録番号に「選考」とある場合にのみ最後の□に「1」を記入すること。

　　（記入例）　｜1｜3｜ー｜0｜0｜0｜0｜1｜0｜0｜ー｜　｜　［東京都知事登録第000100号の場合］

　　（コード表省略（17頁②参照））

④ 「移転後の都道府県知事」の欄は、上記③の表より該当する都道府県知事のコードを記入すること。この場合、移転後に北海道知事の登録を受ける場合には「01」を記入すること。
⑤ 氏名の「フリガナ」の欄は、カタカナで姓と名の間に1文字分空けて左詰めで記入し、その際、濁点及び半濁点は1文字として扱うこと。また、「氏名」の欄も姓と名の間に1文字分空けて左詰めで記入すること。
⑥ 「生年月日」の欄は、最初の□には下表より該当する元号のコードを記入するとともに、□に数字を記入するに当たつては、空位の□に「0」を記入すること。

　　（記入例、コード表省略（17頁⑥参照））

⑦ 「性別」の欄は、該当する番号を記入すること。
⑧ 移転前と移転後において住所、電話番号が異なる場合には、「住所」、「電話番号」の欄には、移転後におけるものを記入すること。
⑨ 「住所市区町村コード」の欄は、都道府県の窓口備付けのコードブック（総務省編「全国地方公共団体コード」）により該当する市区町村のコードを記入すること。
⑩ 「住所」の欄は、⑨により記入した住所市区町村コードによつて表される市区町村に続く町名、街区符号、住居番号等を、「丁目」「番」及び「号」をそれぞれー（ダッシュ）で区切り、上段から左詰めで記入すること。

　　（記入例省略（18頁1、⑧参照））

⑪ 「電話番号」の欄は、市外局番、市内局番、番号をそれぞれー（ダッシュ）で区切り、左詰めで記入すること。

　　（記入例省略（19頁4、③参照））

⑫ 「本籍市区町村コード」の欄は、都道府県の窓口備付けのコードブック（総務省編「全国地方公共団体コード」）により、本籍地の所在する市区町村のコードを記入すること。なお、外国籍の場合には、｜9｜9｜0｜0｜0｜と記入すること。
⑬ 「本籍」の欄は、⑫により記入した本籍市区町村コードによつて表される市区町村に続く町名、街区符号、住居番号等を、戸籍のとおりに、上段から左詰めで記入すること。なお、外国籍の場合には記入しないこと。

　　（記入例省略（51頁⑨参照））

⑭ 「移転前の都道府県知事」の欄は、上記③の表より該当する都道府県知事のコードを記入すること。ただし、移転前の登録を受けている都道府県知事が北海道知事である場合には、51〜64のうち該当するコードを記入すること。
⑮ 「商号又は名称」の欄は、上段から左詰めで記載すること。
⑯ 「免許証番号」の欄は、免許権者については、上記③の表より該当するコードを記入すること。ただし、免許権者が北海道知事である場合には、51〜64のうち該当するコードを記入することとし、信託会社及び信託業務を兼営する銀行については、（記入例）①に従うこと。また、移転後において、業務に従事しようとする宅地建物取引業者が新規免許申請中の場合は、記入しないこと。

　　（記入例省略（42頁1、②参照））

様式第七号（第十四条の七関係）

※この記載例は、取引主任者の住所、従事する業者に変更があった場合のもの

（A4）
330

宅地建物取引主任者資格登録簿
変更登録申請書

宅地建物取引業法第20条の規定により、下記の事項について変更の登録を申請します。

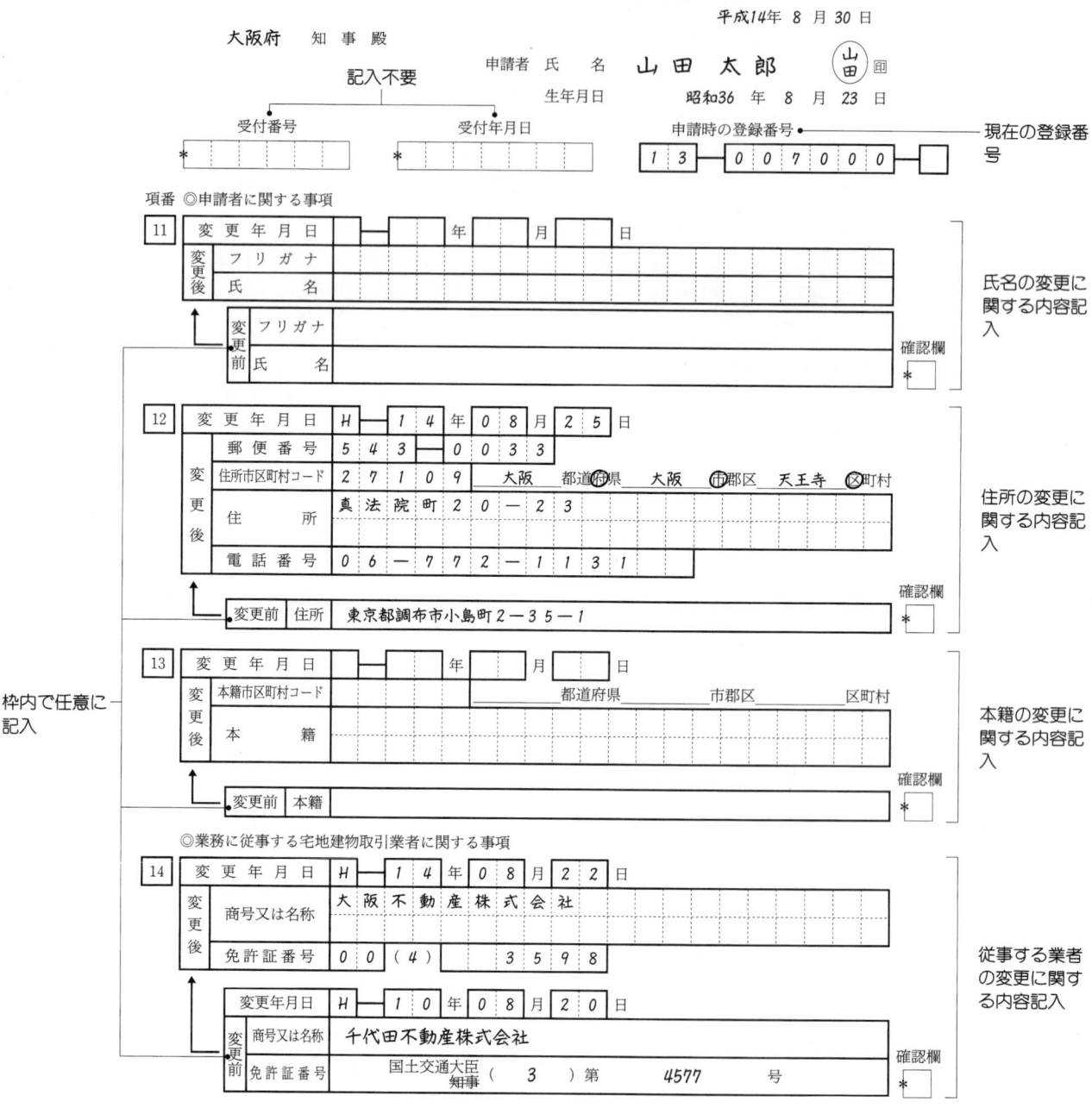

平成14年 8月 30日

大阪府　知事殿　　　　　申請者氏名　山田太郎　㊞

記入不要　　　　　　　　生年月日　昭和36年 8月 23日

受付番号　　　受付年月日　　申請時の登録番号　　→現在の登録番号
　　　　　　　　　　　　　　13 - 0007000 -

項番　◎申請者に関する事項

11	変更年月日	年　月　日	氏名の変更に関する内容記入
	変更後 フリガナ／氏名		
	変更前 フリガナ／氏名		確認欄

12	変更年月日	H-14年 08月 25日	住所の変更に関する内容記入
	郵便番号	543-0033	
	変更後 住所市区町村コード	27109　大阪都道府県　大阪市郡区　天王寺区町村	
	住所	真法院町20-23	
	電話番号	06-772-11131	
	変更前 住所	東京都調布市小島町2-35-1	確認欄

13	変更年月日	年　月　日	本籍の変更に関する内容記入
	変更後 本籍市区町村コード／本籍	都道府県　市郡区　区町村	
	変更前 本籍		確認欄

枠内で任意に記入

◎業務に従事する宅地建物取引業者に関する事項

14	変更年月日	H-14年 08月 22日	従事する業者の変更に関する内容記入
	変更後 商号又は名称	大阪不動産株式会社	
	免許証番号	00(4) 3598	
	変更前 変更年月日	H-10年 08月 20日	
	商号又は名称	千代田不動産株式会社	
	免許証番号	国土交通大臣／知事(3)第 4577 号	確認欄

備　考

① 申請者は、＊印の欄には記入しないこと。
② 登録を受けている事項のうち、変更があったものについてのみ記入すること。
③ 「申請時の登録番号」の欄は、登録を受けている都道府県知事については、下表より該当するコードを記入すること。ただし、北海道知事の登録を受けている場合には、51～64のうち該当するコードを記入すること。また、登録番号に「選考」とある場合にのみ最後の□に「1」を記入すること。
　　（記入例、コード表省略（17頁④、②参照））
④ 「変更年月日」の欄は、最初の□には元号のコードとして「H」を記入するとともに、□に数字を記入するにあたっては、空位の□に「0」を記入すること。

　　（記入例）　　|H|―|0|5|年|1|1|月|3|0|日
　　　　　　　　　［平成5年11月30日の場合］

⑤ 氏名の「フリガナ」の欄は、カタカナで姓と名の間に1文字分空けて左詰めで記入し、その際、濁点及び半濁点は1文字として扱うこと。また、「氏名」の欄も、姓と名の間に1文字空けて左詰めで記入すること。
⑥ 「住所市区町村コード」の欄は、都道府県の窓口備付けのコードブック（総務省編「全国地方公共団体コード」）により該当する市区町村のコードを記入すること。
⑦ 「住所」の欄は、⑥により記入した住所市区町村コードによって表される市区町村に続く町名、街区符号、住居番号等を、「丁目」「番」及び「号」をそれぞれ―（ダッシュ）で区切り、上段から左詰めで記入すること。
　　（記入例省略（18頁1、⑧参照））
⑧ 「電話番号」の欄は、市外局番、市内局番、番号をそれぞれ―（ダッシュ）で区切り、左詰めで記入すること。
　　（記入例省略（19頁4、③参照））
⑨ 「本籍市区町村コード」の欄は、都道府県の窓口備付けのコードブック（総務省編「全国地方公共団体コード」）により、本籍地の所在する市区町村のコードを記入すること。なお、外国籍の場合には、|9|9|0|0|0|0|と記入すること。
⑩ 「本籍」の欄は、⑨により記入した本籍市区町村コードによって表される市区町村に続く町名、街区符号、住居番号等を、戸籍のとおりに、上段から左詰めで記入すること。なお、外国籍の場合には記入しないこと。
　　（記入例省略（51頁⑨参照））
⑪ 「商号又は名称」の欄は、上段から左詰めで記載すること。
⑫ 「免許証番号」の欄は、免許権者については、上記③の表より該当するコードを記入すること。
　　ただし、免許権者が北海道知事である場合には、51～64のうち該当するコードを記入することとし、信託会社及び信託業務を兼営する銀行については、（記入例）④に従うこと。また、変更後において、業務に従事しようとする宅地建物取引業者が新規免許申請中の場合は、記入しないこと。
　　（記入例省略（42頁1、②参照））

様式第七号の二（第十四条の七の二関係） (A4)

※この記載例は、取引主任者が法第18条第1項第5号の2（刑罰を受けた）に該当するに至った場合のもの

3 4 0

宅地建物取引主任者死亡等届出書

宅地建物取引主任者について、宅地建物取引業法第21条の規定により、次のとおり届け出ます。

平成14年 11 月 20 日

大阪府　知事　殿

登録を受けている知事あて

記入不要

届出者　住　所　大阪府大阪市天王寺区真法院町20番23号
　　　　氏　名　藤沢　太郎　㊞（藤沢）

― 本人又は相続人等

受付番号　＊
受付年月日　＊
届出時の登録番号　2 7 － 0 7 3 0 0 0 0

50頁の参考参照

宅地建物取引業法第18条第1項の登録を受けている者と届出人との関係	1．相続人　②本人　3．後見人　4．保佐人
届　出　の　理　由	1．死亡 2．法第18条第1項第1号 3．法第18条第1項第2号 4．法第18条第1項第3号 5．法第18条第1項第4号 6．法第18条第1項第4号の2 7．法第18条第1項第4号の3 8．法第18条第1項第5号 ⑨．法第18条第1項第5号の2
宅地建物取引業法第18条第1項の登録を受けている者の氏名	藤沢　太郎　　性別　①男　2．女
生　年　月　日	昭和36 年　8 月　23 日
登　録　年　月　日	平成10 年　9 月　30 日
本　　　籍	東京都調布市小島町弐丁目参拾五番壱号
住　　　所	大阪府大阪市天王寺区真法院町20番23号

業務に従事する（又はしていた）宅地建物取引業者に関する事項	商号又は名称	大阪不動産株式会社
	免許証番号	国土交通大臣／知事（ 4 ）第　3598　号

届出事由の生じた日	平成14年　11 月　13 日

確認欄　＊

備　考
① 届出者は、＊印の欄には記入しないこと。
② 「届出時の登録番号」の欄は、登録を受けている都道府県知事については、下表より該当するコードを記入すること。ただし、北海道知事の登録を受けている場合には、51〜64のうち該当するコードを記入すること。また、登録番号に「選考」とある場合にのみ最後の□に「1」を記入すること。
　　（記入例、コード表省略（17頁④、②参照））
③ 「宅地建物取引業法第18条第1項の登録を受けている者と届出人との関係」、「届出の理由」及び「性別」の欄は、該当するものの番号を○で囲むこと。
④ 死亡の場合にあつては、「届出事由の生じた日」の欄に死亡の事実を知つた日を付記すること。

様式第七号の二の二（第十四条の十関係） （A4）

※この記載例は、登録移転に伴う
交付申請の場合のもの

|3|5|0|

宅地建物取引主任者証
交付申請書

証　　紙　　欄

（消印してはならない）

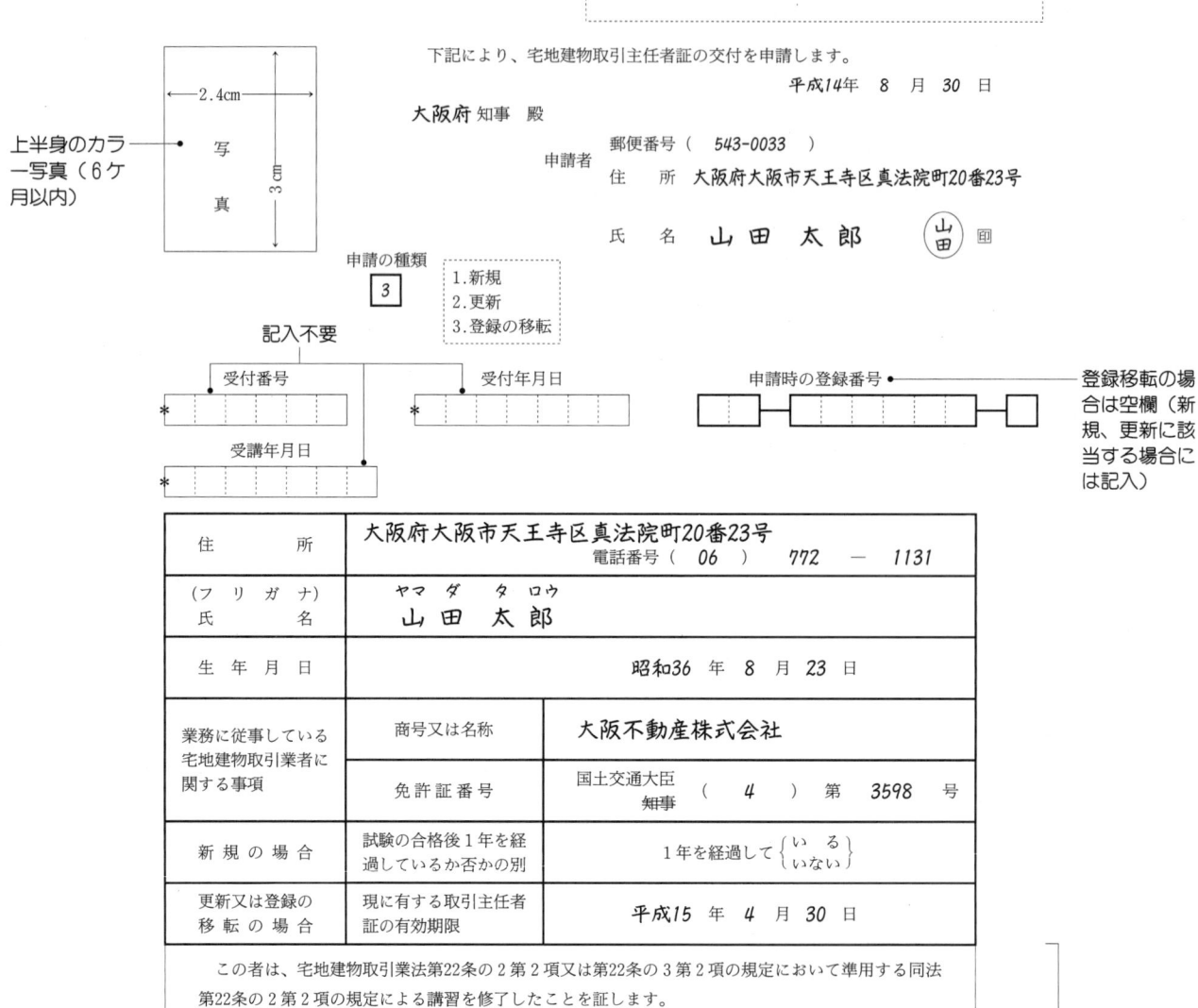

下記により、宅地建物取引主任者証の交付を申請します。

平成14年　8 月　30 日

大阪府 知事　殿

申請者　郵便番号（　543-0033　）
　　　　住　　所　大阪府大阪市天王寺区真法院町20番23号

　　　　氏　名　　山田　太郎　㊞

上半身のカラー写真（6ケ月以内）　写真 2.4cm×3cm

申請の種類　3
1. 新規
2. 更新
3. 登録の移転

記入不要
受付番号　＊
受付年月日　＊
受講年月日　＊

申請時の登録番号

登録移転の場合は空欄（新規、更新に該当する場合には記入）

住　　所	大阪府大阪市天王寺区真法院町20番23号		
	電話番号（ 06 ）772 － 1131		
（フリガナ）氏　　名	ヤマダ　タロウ　山田　太郎		
生 年 月 日	昭和36 年　8 月　23 日		
業務に従事している宅地建物取引業者に関する事項	商号又は名称	大阪不動産株式会社	
	免許証番号	国土交通大臣知事　（ 4 ）第 3598 号	
新 規 の 場 合	試験の合格後1年を経過しているか否かの別	1年を経過して｛いる／いない｝	
更新又は登録の移転の場合	現に有する取引主任者証の有効期限	平成15 年　4 月　30 日	
この者は、宅地建物取引業法第22条の2第2項又は第22条の3第2項の規定において準用する同法第22条の2第2項の規定による講習を修了したことを証します。			
＊　　　　　年　　　月　　　日　　　　講習実施者　　　　　　　　　　　㊞			

空欄とする

確認欄
＊

備　考
① 　申請者は、＊印の欄には記入しないこと。
② 　「申請の種類」の欄は、該当する番号を記入すること。
③ 　「申請時の登録番号」の欄は、登録を受けている都道府県知事については、下表より該当するコードを記入すること。ただし、北海道知事の登録を受けている場合には、51〜64のうち該当するコードを記入すること。また、登録番号に「選考」とある場合にのみ最後の□に「1」を記入すること。
　　　（記入例、コード表省略（17頁④、②参照））
④ 　「試験の合格後1年を経過しているか否かの別」の欄は、該当するものを〇で囲むこと。
⑤ 　登録の移転の申請と同時に宅地建物取引主任者証の交付の申請をする場合には、「申請時の登録番号」の欄は記入しないこと。

様式第七号の四（第十四条の十三関係） （A4）

※この記載例は、氏名変更に伴う
書換え交付申請の場合のもの

| 3 | 6 | 0 |

宅地建物取引主任者証書換え交付申請書

平成14年 10 月 18 日

大阪府知事　殿

申請者　発行番号　090085

郵便番号（ 543-0033 ）

住　所　大阪府大阪市天王寺区真法院町20番23号

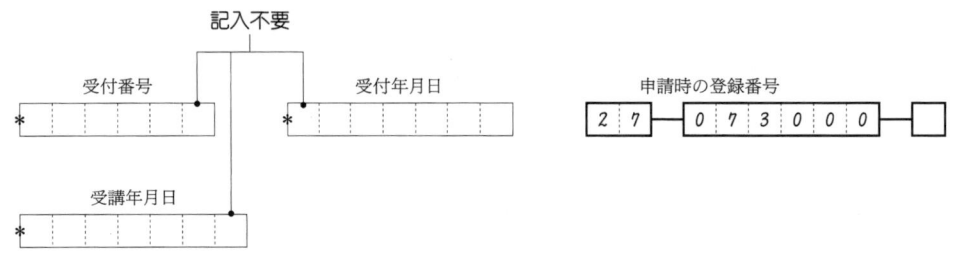

氏　名　藤沢 太郎　　㊞　———— 変更後の氏名、印

電話番号（ 06 ）772 － 1131

記入不要

受付番号　　　　　　　受付年月日　　　　　　申請時の登録番号
＊　　　　　　　　　　＊　　　　　　　　　　2 7 ｜ 0 7 3 0 0 0 0 ｜

受講年月日
＊

宅地建物取引主任者証記載事項を下記のとおり変更しましたので、宅地建物取引業法施行規則第14条の13の規定により、宅地建物取引主任者証の書換え交付を申請します。

変更に係る事項	変　更　後	変　更　前	交　付　年　月　日
（フリガナ） 氏　　　名	フジサワ　タロウ 藤沢太郎	ヤマダ　タロウ 山田太郎	平成12年9月12日
住　　　所			

確認欄
＊

備　考
① 申請者は、＊印の欄には記入しないこと。
② 「申請時の登録番号」の欄は、登録を受けている都道府県知事については、下表より該当するコードを記入すること。ただし、北海道知事の登録を受けている場合には、51～64のうち該当するコードを記入すること。また、登録番号に「選考」とある場合にのみ最後の□に「1」を記入すること。
　（記入例、コード表省略（17頁④、②参照））

様式第七号の五（第十四条の十五関係）　　　　　　　　　　　（A4）
　　　　　　　　　　　　　　　　　　　　　　　　　　　3 7 0

宅地建物取引主任者証再交付申請書

平成14年 12 月 9 日

大阪府 知事 殿

郵便番号（ 543-0033 ）

申請者 住　所　大阪府大阪市天王寺区真法院町20番23号

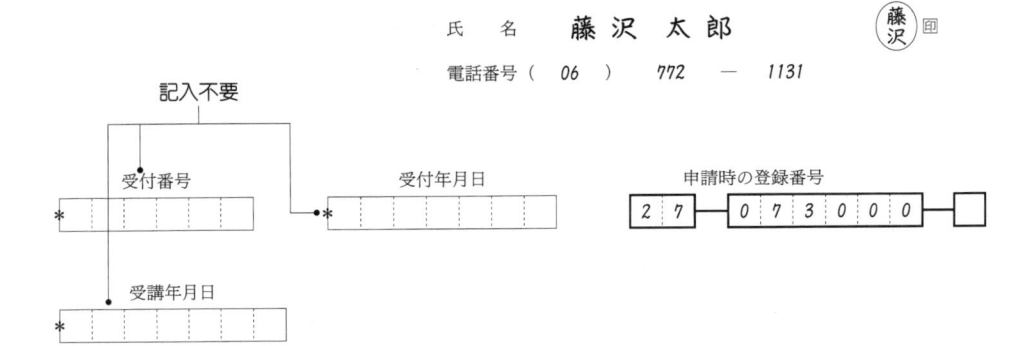

氏　名　藤沢　太郎　㊞

電話番号（ 06 ） 772 － 1131

記入不要

受付番号 ／ 受付年月日

受講年月日

申請時の登録番号　2 7 - 0 7 3 0 0 0 -

宅地建物取引業法施行規則第14条の15の規定により、下記のとおり宅地建物取引主任者証の再交付を申請します。

住　所	大阪府大阪市天王寺区真法院町20番23号
（フリガナ）氏　名	フジサワ　タロウ 藤沢　太郎
生年月日	昭和36 年 8 月 23 日
再交付を申請する理由	①亡失　2.滅失　3.汚損　4.破損 通勤途中で紛失

具体的内容を簡潔に記入

確認欄

備　考

① 申請者は、＊印の欄には記入しないこと。
② 「申請時の登録番号」の欄は、登録を受けている都道府県知事については、下表より該当するコードを記入すること。ただし、北海道知事の登録を受けている場合には、51〜64のうち該当するコードを記入すること。また、登録番号に「選考」とある場合にのみ最後の□に「1」を記入すること。
　　　（記入例、コード表省略（17頁④、②参照））
③ 「再交付を申請する理由」の欄は、該当するものの番号を○で囲み、具体的な理由を記すこと。
④ 汚損又は破損を理由に申請する場合は、その汚損し、又は破損した宅地建物取引主任者証を添付すること。

＜案内所等の場所（業法第50条第2項）届出関係＞

※この記載例は、業者が案内所を設けて、自ら区分所有建物を販売しようとする場合のもの

様式第十二号（第十九条関係） （A4）

届　出　書

宅地建物取引業法第50条第2項の規定により、下記の場所について、下記の事項を届け出ます。

届出年月日　平成14年　4月　8日

地方整備局長
北海道開発局長　殿
知事

この「届出書」は、当該届出の場所を管轄する都道府県知事に免許権者あての「届出書」と一緒に提出

商号又は名称　霞が関不動産株式会社
免許証番号　国土交通大臣／知事　（ 4 ）第　5000　号
代表者氏名　代表取締役　小神　弘　㊞（代表者印）

届出する者は免許を受けている代表者とする

1 所在地	届出の対象となる案内所、展示会等の場所	名　称	イーストアベニュー大手町　現地案内所			業務を行う場所
		所在地	東京都千代田区大手町1－3－1　電話番号 03-3580-4313			
2 業務の内容	業　務　の　種　別	① 売買　(2) 交換　(3) 代理　(4) 媒介				
	業　務　の　態　様	① 契約の締結　② 契約の申込みの受理				
	取り扱う宅地建物の内容等	売主である宅地建物取引業者の商号又は名称等	（商号又は名称）　　　国土交通大臣／知事（　）第　　号			
		物件の種類等	名　称	イーストアベニュー大手町		販売物件等の場所
			所在地	東京都千代田区大手町1－3－1		
			宅　地		区画　敷地面積の合計　　㎡	
			戸建住宅		戸　延べ面積の合計　　㎡	
			区分所有建物	90	戸　延べ面積の合計　9,000　㎡	「延べ面積の合計」には、共有部分の面積を含む
3	業務を行う期間	平成14年　4月　25日　から　平成14年　6月　30日　まで				業務開始日は、届出が受理された日から中10日以降の日で、その日から最長でも1年の期間
4	専任の取引主任者に関する事項	氏　　名		登　録　番　号		
		田中　正男		神奈川001122-1		

様式第十二号（第十九条関係）

※この記載例は、届出業者が別の売主である業者の戸建住宅の販売を案内所を設けて媒介等の業務を行う場合のもの

（A4）

届　出　書

宅地建物取引業法第50条第2項の規定により、下記の場所について、下記の事項を届け出ます。

平成14年　4月　26日

地方整備局長
北海道開発局長　殿
知事

商号又は名称　霞が関不動産株式会社
免許証番号　国土交通大臣（ 4 ）第　5000　号
　　　　　　知事
代表者氏名　代表取締役　小神　弘　㊞

1 所在地	届出の対象となる案内所、展示会等の場所	名　称	ニューライフガーデン霞が関　現地案内所		
		所在地	東京都千代田区霞が関4-2-1　電話番号 03-3580-4313		
2 業務の内容		業務の種別	(1) 売買　(2) 交換　(3) 代理　④ 媒介		
		業務の態様	① 契約の締結　② 契約の申込みの受理		
	取り扱う宅地建物の内容等	売主である宅地建物取引業者の商号又は名称等	（商号又は名称）　　国土交通大臣（ 3 ）4577 号 千代田不動産株式会社　知事		「業務の種別」が代理又は媒介である場合の売主業者について記入
		物件の種類等	名　称	ニューライフガーデン霞が関	
			所在地	東京都千代田区霞が関4-2-1　他	
			宅　地	区画　　敷地面積の合計　　　㎡	
			戸建住宅	6 戸　延べ面積の合計　720　㎡	
			区分所有建物	戸　延べ面積の合計　　㎡	
3 業務を行う期間			平成14年　5月13日　から　平成14年　11月30日　まで		
4 専任の取引主任者に関する事項		氏　名		登録番号	
		寺沢　孝		東京-001262	

備　考
1　「1　所在地」関係

　　「届出の対象となる案内所、展示会等の場所」の欄は、規則第6条の2各号に該当する場所の名称、所在地及び電話番号を記入すること。

2　「2　業務の内容」関係
　①　「業務の種別」の欄は、届出をしようとする者が行おうとする業務の内容について該当するものの番号を○で囲むこと。
　②　「業務の態様」の欄は、案内所、展示会等（以下「案内所等」という。）の場所で行う業務の態様について該当するものの番号をすべて○で囲むこと。
　③　「売主である宅地建物取引業者の商号又は名称等」の欄は、届出をしようとする者が売主の場合にあつては共同で売主となる者を、代理又は媒介をしようとする者の場合にあつては取り扱う物件の売主業者の「商号又は名称」及び「免許証番号」をすべて記入すること。

3　「4　専任の取引主任者に関する事項」関係

　　案内所等に派遣するすべての専任の取引主任者の氏名及び登録番号を記入すること。

参考

届出制の概要
宅地建物取引業者は、あらかじめ、次の場所について所定の事項を、免許を受けた国土交通大臣または都道府県知事及びその所在地を管轄する都道府県知事に届け出なければならない。

届出が必要な場所	宅地建物の売買若しくは交換の契約（予約を含む。）若しくは宅地建物の売買、交換若しくは貸借の代理若しくは媒介の契約を締結し、またはこれらの契約の申込みを受けるもので次に掲げる場所 ① 継続的に業務を行うことができる施設を有する場所で事務所以外のもの ② 宅地建物取引業者が一団の宅地建物の分譲を案内所を設置して行う場合にあっては、その案内所 ③ 他の宅地建物取引業者が行う一団の宅地建物の分譲の代理または媒介を案内所を設置して行う場合にあっては、その案内所 ④ 宅地建物取引業者が業務に関し展示会その他これに類する催しを実施する場合にあっては、これらの催しを実施する場所
届出事項	①　所在地、②業務内容、③業務を行う期間、④専任取引主任者の氏名
届出先	上記の場所の所在地を管轄する都道府県知事に免許権者のものも一緒に提出
その他	業務を開始する日の10日前までに届け出ること

2　既に届け出した場所に係る新たな届出の取扱いについて

既に届け出した場所に係る届出書については、下記により取り扱う。

① 既に届け出してある案内所等について次の事項を変更しようとする場合には、変更のない部分も含めて記入し、届け出ること。

ア 「業務を行う期間」を延長しようとする場合

イ 「業務の種別」又は「業務の態様」の届出業務を変更しようとする場合

ウ 「専任の取引主任者に関する事項」について、届け出されている専任の取引主任者を変更しようとする場合

② 既に届け出したものが次に該当する場合は、変更の届出は要しない。

ア 「取り扱う宅地建物の内容等」欄の「所在地」以外の欄が変更になる場合

イ 届出の宅地建物取引業者の代表者のみの変更の場合

3　留意事項

① 「契約の申込み」とは

「契約の申込み」とは、契約を締結する意思を表示することをいい、物件購入のための抽選の申込み等金銭の授受を伴わないものも含まれる。

② 「一団の宅地建物の分譲」とは

「一団の宅地建物の分譲」とは10区画以上の一団の宅地または10戸以上の一団の建物の分譲をいう。

③ 複数の業者が設置する案内所について

複数の宅地建物取引業者が同一の物件について同一の場所において業務を行う場合は、いずれかの業者が専任の取引主任者を1人以上置けばよい。

不動産フェアー等複数の業者が異なる特件を取り扱う場合は、各業者ごとに本届出をするとともに専任の取引主任者を置かなければならない。

④ 臨時に開設する案内所について

別荘の現地案内所など週末にのみ営業を行う場所についても、本届出をするとともに専任の取引主任者を置かなければならない。

3 参照条文

○宅地建物取引業法〔抄〕

(昭和27年6月10日)
(法律第176号)

最終改正 平成18年6月21日法律第92号

（目的）
第1条　この法律は、宅地建物取引業を営む者について免許制度を実施し、その事業に対し必要な規制を行うことにより、その業務の適正な運営と宅地及び建物の取引の公正とを確保するとともに、宅地建物取引業の健全な発達を促進し、もつて購入者等の利益の保護と宅地及び建物の流通の円滑化とを図ることを目的とする。

（用語の定義）
第2条　この法律において次の各号に掲げる用語の意義は、それぞれ当該各号の定めるところによる。
一　宅地　建物の敷地に供せられる土地をいい、都市計画法（昭和43年法律第100号）第8条第1項第一号の用途地域内のその他の土地で、道路、公園、河川その他政令で定める公共の用に供する施設の用に供せられているもの以外のものを含むものとする。
二　宅地建物取引業　宅地若しくは建物（建物の一部を含む。以下同じ。）の売買若しくは交換又は宅地若しくは建物の売買、交換若しくは貸借の代理若しくは媒介をする行為で業として行なうものをいう。
三　宅地建物取引業者　第3条第1項の免許を受けて宅地建物取引業を営む者をいう。

（免許）
第3条　宅地建物取引業を営もうとする者は、二以上の都道府県の区域内に事務所（本店、支店その他の政令で定めるものをいう。以下同じ。）を設置してその事業を営もうとする場合にあつては国土交通大臣の、一の都道府県の区域内にのみ事務所を設置してその事業を営もうとする場合にあつては当該事務所の所在地を管轄する都道府県知事の免許を受けなければならない。

2　前項の免許の有効期間は、5年とする。

3　前項の有効期間の満了後引き続き宅地建物取引業を営もうとする者は、免許の更新を受けなければならない。

4　前項の免許の更新の申請があつた場合において、第2項の有効期間の満了の日までにその申請について処分がなされないときは、従前の免許は、同項の有効期間の満了後もその処分がなされるまでの間は、なお効力を有する。

5　前項の場合において、免許の更新がなされたときは、その免許の有効期間は、従前の免許の有効期間の満了の日の翌日から起算するものとする。

6　第1項の免許のうち国土交通大臣の免許を受けようとする者は、登録免許税法（昭和42年法律第35号）の定めるところにより登録免許税を、第3項の規定により国土交通大臣の免許の更新を受けようとする者は、政令の定めるところにより手数料を、それぞれ納めなければならない。

（免許の条件）
第3条の2　国土交通大臣又は都道府県知事は、前条第1項の免許（同条第3項の免許の更新を含む。第25条第6項を除き、以下同じ。）に条件を付し、及びこれを変更することができる。

2　前項の条件は、宅地建物取引業の適正な運営並びに宅地及び建物の取引の公正を確保するため必要な最小限度のものに限り、かつ、当該免許を受ける者に不当な義務を課することとならないものでなければならない。

（免許の申請）
第4条　第3条第1項の免許を受けようとする者は、二以上の都道府県の区域内に事務所を設置してその事業を営

もうとする場合にあつては国土交通大臣に、一の都道府県の区域内にのみ事務所を設置してその事業を営もうとする場合にあつては当該事務所の所在地を管轄する都道府県知事に、次に掲げる事項を記載した免許申請書を提出しなければならない。
一 商号又は名称
二 法人である場合においては、その役員の氏名及び政令で定める使用人があるときは、その者の氏名
三 個人である場合においては、その者の氏名及び政令で定める使用人があるときは、その者の氏名
四 事務所の名称及び所在地
五 前号の事務所ごとに置かれる第15条第1項に規定する者(同条第2項の規定によりその者とみなされる者を含む。第8条第2項第六号において同じ。)の氏名
六 他に事業を行つているときは、その事業の種類
2 前項の免許申請書には、次の各号に掲げる書類を添附しなければならない。
一 宅地建物取引業経歴書
二 第5条第1項各号に該当しないことを誓約する書面
三 事務所について第15条第1項に規定する要件を備えていることを証する書面
四 その他国土交通省令で定める書面

(免許の基準)

第5条 国土交通大臣又は都道府県知事は、第3条第1項の免許を受けようとする者が次の各号のいずれかに該当する場合又は免許申請書若しくはその添付書類中に重要な事項について虚偽の記載があり、若しくは重要な事実の記載が欠けている場合においては、免許をしてはならない。
一 成年被後見人若しくは被保佐人又は破産者で復権を得ないもの
二 第66条第1項第八号又は第九号に該当することにより免許を取り消され、その取消しの日から5年を経過しない者(当該免許を取り消された者が法人である場合においては、当該取消しに係る聴聞の期日及び場所の公示の日前60日以内に当該法人の役員(業務を執行する社員、取締役、執行役又はこれらに準ずる者をいい、相談役、顧問、その他いかなる名称を有する者であるかを問わず、法人に対し業務を執行する社員、取締役又はこれらに準ずる者と同等以上の支配力を有するものと認められる者を含む。以下この条、第18条第1項、第65条第2項及び第66条第1項において同じ。)であつた者で当該取消しの日から5年を経過しないものを含む。)
二の二 第66条第1項第八号又は第九号に該当するとして免許の取消処分の聴聞の期日及び場所が公示された日から当該処分をする日又は当該処分をしないことを決定する日までの間に第11条第1項第四号又は第五号の規定による届出があつた者(解散又は宅地建物取引業の廃止について相当の理由がある者を除く。)で当該届出の日から5年を経過しないもの
二の三 前号に規定する期間内に合併により消滅した法人又は第11条第1項第四号若しくは第五号の規定による届出があつた法人(合併、解散又は宅地建物取引業の廃止について相当の理由がある法人を除く。)の前号の公示の日前60日以内に役員であつた者で当該消滅又は届出の日から5年を経過しないもの
三 禁錮以上の刑に処せられ、その刑の執行を終わり、又は執行を受けることがなくなつた日から5年を経過しない者
三の二 この法律若しくは暴力団員による不当な行為の防止等に関する法律(平成3年法律第77号)の規定(同法第31条第7項の規定を除く。第18条第1項第五号の二及び第52条第七号ハにおいて同じ。)に違反したことにより、又は刑法(明治40年法律第45号)第204条、第206条、第208条、第208条の3、第222条若しくは第247条の罪若しくは暴力行為等処罰に関する法律(大正15年法律第60号)の罪を犯したことにより、罰金の刑に処せられ、その刑の執行を終わり、又は執行を受けることがなくなつた日から5年を経過しない者
四 免許の申請前5年以内に宅地建物取引業に関し不正又は著しく不当な行為をした者
五 宅地建物取引業に関し不正又は不誠実な行為をするおそれが明らかな者
六 営業に関し成年者と同一の行為能力を有しない未成年者でその法定代理人が前各号のいずれかに該当するもの
七 法人でその役員又は政令で定める使用人のうちに第一号から第五号までのいずれかに該当する者のあるもの
八 個人で政令で定める使用人のうちに第一号から第五号までのいずれかに該当する者のあるもの
九 事務所について第15条に規定する要件を欠く者
2 国土交通大臣又は都道府県知事は、免許をしない場合においては、その理由を附した書面をもつて、申請者にその旨を通知しなければならない。

(免許証の交付)

第6条 国土交通大臣又は都道府県知事は、第3条第1項の免許をしたときは、免許証を交付しなければならな

い。

（免許換えの場合における従前の免許の効力）

第7条 宅地建物取引業者が第3条第1項の免許を受けた後次の各号の一に該当して引き続き宅地建物取引業を営もうとする場合において同項の規定により国土交通大臣又は都道府県知事の免許を受けたときは、その者に係る従前の国土交通大臣又は都道府県知事の免許は、その効力を失う。

一　国土交通大臣の免許を受けた者が一の都道府県の区域内にのみ事務所を有することとなつたとき。

二　都道府県知事の免許を受けた者が当該都道府県の区域内における事務所を廃止して、他の一の都道府県の区域内に事務所を設置することとなつたとき。

三　都道府県知事の免許を受けた者が二以上の都道府県の区域内に事務所を有することとなつたとき。

2　第3条第4項の規定は、宅地建物取引業者が前項各号の一に該当して引き続き宅地建物取引業を営もうとする場合において第4条第1項の規定による申請があつたときについて準用する。

（宅地建物取引業者名簿）

第8条　国土交通省及び都道府県に、それぞれ宅地建物取引業者名簿を備える。

2　国土交通大臣又は都道府県知事は、宅地建物取引業者名簿に、国土交通大臣にあつてはその免許を受けた宅地建物取引業者に関する次に掲げる事項を、都道府県知事にあつてはその免許を受けた宅地建物取引業者及び国土交通大臣の免許を受けた宅地建物取引業者で当該都道府県の区域内に主たる事務所を有するものに関する次に掲げる事項を登載しなければならない。

一　免許証番号及び免許の年月日

二　商号又は名称

三　法人である場合においては、その役員の氏名及び政令で定める使用人があるときは、その者の氏名

四　個人である場合においては、その者の氏名及び政令で定める使用人があるときは、その者の氏名

五　事務所の名称及び所在地

六　前号の事務所ごとに置かれる第15条第1項に規定する者の氏名

七　第50条の2第1項の認可を受けているときは、その旨及び認可の年月日

八　その他国土交通省令で定める事項

（変更の届出）

第9条　宅地建物取引業者は、前条第2項第二号から第六号までに掲げる事項について変更があつた場合においては、国土交通省令の定めるところにより、30日以内に、その旨をその免許を受けた国土交通大臣又は都道府県知事に届け出なければならない。

（宅地建物取引業者名簿等の閲覧）

第10条　国土交通大臣又は都道府県知事は、国土交通省令の定めるところにより、宅地建物取引業者名簿並びに免許の申請及び前条の届出に係る書類又はこれらの写しを一般の閲覧に供しなければならない。

（廃業等の届出）

第11条　宅地建物取引業者が次の各号のいずれかに該当することとなつた場合においては、当該各号に掲げる者は、その日（第一号の場合にあつては、その事実を知つた日）から30日以内に、その旨をその免許を受けた国土交通大臣又は都道府県知事に届け出なければならない。

一　宅地建物取引業者が死亡した場合　その相続人

二　法人が合併により消滅した場合　その法人を代表する役員であつた者

三　宅地建物取引業者について破産手続開始の決定があつた場合　その破産管財人

四　法人が合併及び破産手続開始の決定以外の理由により解散した場合　その清算人

五　宅地建物取引業を廃止した場合　宅地建物取引業者であつた個人又は宅地建物取引業者であつた法人を代表する役員

2　前項第三号から第五号までの規定により届出があつたときは、第3条第1項の免許は、その効力を失う。

（国土交通省令への委任）

第14条　第3条から第11条までに規定するもののほか、免許の申請、免許証の交付、書換交付、再交付及び返納並びに宅地建物取引業者名簿の登載、訂正及び消除について必要な事項は、国土交通省令で定める。

（取引主任者の設置）

第15条　宅地建物取引業者は、その事務所その他国土交通省令で定める場所（以下この条及び第50条第1項において「事務所等」という。）ごとに、事務所等の規模、業務内容等を考慮して国土交通省令で定める数の成年者である専任の取引主任者（第22条の2第1項の宅地建物取引主任者証の交付を受けた者をいう。以下同じ。）を置かなければならない。

2　前項の場合において、宅地建物取引業者（法人である場合においては、その役員（業務を執行する社員、取締役、執行役又はこれらに準ずる者をいう。））が取引主任者であるときは、その者が自ら主として業務に従事する事務所等については、その者は、その事務所等に置かれる成年者である専任の取引主任者とみなす。

3　宅地建物取引業者は、第1項の規定に抵触する事務所

等を開設してはならず、既存の事務所等が同項の規定に抵触するに至つたときは、2週間以内に、同項の規定に適合させるため必要な措置を執らなければならない。

(取引主任者の登録)

第18条 試験に合格した者で、宅地若しくは建物の取引に関し国土交通省令で定める期間以上の実務の経験を有するもの又は国土交通大臣がその実務の経験を有するものと同等以上の能力を有すると認めたものは、国土交通省令の定めるところにより、当該試験を行つた都道府県知事の登録を受けることができる。ただし、次の各号のいずれかに該当する者については、この限りでない。

一　宅地建物取引業に係る営業に関し成年者と同一の行為能力を有しない未成年者

二　成年被後見人又は被保佐人

三　破産者で復権を得ないもの

四　第66条第1項第八号又は第九号に該当することにより第3条第1項の免許を取り消され、その取消しの日から5年を経過しない者(当該免許を取り消された者が法人である場合においては、当該取消しに係る聴聞の期日及び場所の公示の日前60日以内にその法人の役員であつた者で当該取消しの日から5年を経過しないもの)

四の二　第66条第1項第八号又は第九号に該当するとして免許の取消処分の聴聞の期日及び場所が公示された日から当該処分をする日又は当該処分をしないことを決定する日までの間に第11条第1項第五号の規定による届出があつた者(宅地建物取引業の廃止について相当の理由がある者を除く。)で当該届出の日から5年を経過しないもの

四の三　第5条第1項第二号の三に該当する者

五　禁錮以上の刑に処せられ、その刑の執行を終わり、又は執行を受けることがなくなつた日から5年を経過しない者

五の二　この法律若しくは暴力団員による不当な行為の防止等に関する法律の規定に違反したことにより、又は刑法第204条、第206条、第208条、第208の3、第222条若しくは第247条の罪若しくは暴力行為等処罰に関する法律の罪を犯したことにより、罰金の刑に処せられ、その刑の執行を終わり、又は執行を受けることがなくなつた日から5年を経過しない者

六　第68条の2第1項第二号から第四号まで又は同条第2項第二号若しくは第三号のいずれかに該当することにより登録の消除の処分を受け、その処分の日から5年を経過しない者

七　第68条の2第1項第二号から第四号まで又は同条第2項第二号若しくは第三号のいずれかに該当するとして登録の消除の処分の聴聞の期日及び場所が公示された日から当該処分をする日又は当該処分をしないことを決定する日までの間に登録の消除の申請をした者(登録の消除の申請について相当の理由がある者を除く。)で当該登録が消除された日から5年を経過しないもの

八　第68条第2項又は第4項の規定による禁止の処分を受け、その禁止の期間中に第22条第一号の規定によりその登録が消除され、まだその期間が満了しない者

2　前項の登録は、都道府県知事が、宅地建物取引主任者資格登録簿に氏名、生年月日、住所その他国土交通省令で定める事項並びに登録番号及び登録年月日を登載してするものとする。

(登録の手続)

第19条 前条第1項の登録を受けることができる者がその登録を受けようとするときは、登録申請書を同項の都道府県知事に提出しなければならない。

2　都道府県知事は、前項の登録申請書の提出があつたときは、遅滞なく、登録をしなければならない。

(登録の移転)

第19条の2 第18条第1項の登録を受けている者は、当該登録をしている都道府県知事の管轄する都道府県以外の都道府県に所在する宅地建物取引業者の事務所の業務に従事し、又は従事しようとするときは、当該事務所の所在地を管轄する都道府県知事に対し、当該登録をしている都道府県知事を経由して、登録の移転の申請をすることができる。ただし、その者が第68条第2項又は第4項の規定による禁止の処分を受け、その禁止の期間が満了していないときは、この限りでない。

(変更の登録)

第20条 第18条第1項の登録を受けている者は、登録を受けている事項に変更があつたときは、遅滞なく、変更の登録を申請しなければならない。

(死亡等の届出)

第21条 第18条第1項の登録を受けている者が次の各号の一に該当することとなつた場合においては、当該各号に定める者は、その日(第一号の場合にあつては、その事実を知つた日)から30日以内に、その旨を当該登録をしている都道府県知事に届け出なければならない。

一　死亡した場合　その相続人

二　第18条第1項第一号又は第三号から第五号の二までに該当するに至つた場合　本人

三　第18条第1項第二号に該当するに至つた場合　その後見人又は保佐人

(申請等に基づく登録の消除)
第22条 都道府県知事は、次の各号の一に掲げる場合には、第18条第1項の登録を消除しなければならない。
一 本人から登録の消除の申請があつたとき。
二 前条の規定による届出があつたとき。
三 前条第一号の規定による届出がなくて同号に該当する事実が判明したとき。
四 第17条第1項又は第2項の規定により試験の合格の決定を取り消されたとき。

(取引主任者証の交付等)
第22条の2 第18条第1項の登録を受けている者は、登録をしている都道府県知事に対し、宅地建物取引主任者証(以下「取引主任者証」という。)の交付を申請することができる。
2 取引主任者証の交付を受けようとする者は、登録をしている都道府県知事が国土交通省令の定めるところにより指定する講習で交付の申請前6月以内に行われるものを受講しなければならない。ただし、試験に合格した日から1年以内に取引主任者証の交付を受けようとする者又は第5項に規定する取引主任者証の交付を受けようとする者については、この限りでない。
3 取引主任者証(第5項の規定により交付された取引主任者証を除く。)の有効期間は、5年とする。
4 取引主任者証が交付された後第19条の2の規定により登録の移転があつたときは、当該取引主任者証は、その効力を失う。
5 前項に規定する場合において、登録の移転の申請とともに取引主任者証の交付の申請があつたときは、移転後の都道府県知事は、前項の取引主任者証の有効期間が経過するまでの期間を有効期間とする取引主任者証を交付しなければならない。
6 取引主任者は、第18条第1項の登録が消除されたとき、又は取引主任者証が効力を失つたときは、速やかに、取引主任者証をその交付を受けた都道府県知事に返納しなければならない。
7 取引主任者は、第68条第2項又は第4項の規定による禁止の処分を受けたときは、速やかに、取引主任者証をその交付を受けた都道府県知事に提出しなければならない。
8 前項の規定により取引主任者証の提出を受けた都道府県知事は、同項の禁止の期間が満了した場合においてその提出者から返還の請求があつたときは、直ちに、当該取引主任者証を返還しなければならない。

(取引主任者証の有効期間の更新)
第22条の3 取引主任者証の有効期間は、申請により更新する。
2 前条第2項本文の規定は取引主任者証の有効期間の更新を受けようとする者について、同条第3項の規定は更新後の取引主任者証の有効期間について準用する。

(取引主任者証の提示)
第22条の4 取引主任者は、取引の関係者から請求があつたときは、取引主任者証を提示しなければならない。

第23条 削除

【地方公共団体の手数料の標準に関する政令】

最終改正 平成18年11月29日政令第369号

地方自治法第228条第1項の手数料について全国的に統一して定めることが特に必要と認められるものとして政令で定める事務(以下「標準事務」という。)は、次の表の上〔左〕欄に掲げる事務とし、同項の当該標準事務に係る事務のうち政令で定めるもの(以下「手数料を徴収する事務」という。)は、同表の上〔左〕欄に掲げる標準事務についてそれぞれ同表の中欄に掲げる事務とし、同項の政令で定める金額は、同表の中欄に掲げる手数料を徴収する事務についてそれぞれ同表の下〔右〕欄に掲げる金額とする。

六十一 宅地建物取引業法第16条第1項、第18条第1項、第19条の2、第20条、第22条の2第1項及び第5項並びに第22条の3第1項の規定に基づく宅地建物取引主任者に関する事務	1 〔略〕	〔略〕
	2 宅地建物取引業法第18条第1項の規定に基づく宅地建物取引主任者資格登録簿への登録	3万7千円
	3 宅地建物取引業法第19条の2の規定に基づく登録の移転の申請に対する審査	8千円
	4 宅地建物取引業法第22条の2第1項又は第5項の規定に基づく取引主任者証の交付の申請に対する審査	4千5百円
	5 宅地建物取引業法第22条の3第1項の規定に基づく取引主任者証の有効期間の更新の申	4千5百円

		請に対する審査	

(国土交通省令への委任)

第24条 この章に定めるもののほか、試験、登録講習、登録講習機関、指定試験機関、第18条第1項の登録、その移転及び取引主任者証に関し必要な事項は、国土交通省令で定める。

第4章 営業保証金

(営業保証金の供託等)

第25条 宅地建物取引業者は、営業保証金を主たる事務所のもよりの供託所に供託しなければならない。

2　前項の営業保証金の額は、主たる事務所及びその他の事務所ごとに、宅地建物取引業者の取引の実情及びその取引の相手方の保護を考慮して、政令で定める額とする。

3　第1項の営業保証金は、国土交通省令の定めるところにより、国債証券、地方債証券その他の国土交通省令で定める有価証券(社債等の振替に関する法律(平成13年法律第75号)第129条第1項に規定する振替社債等を含む。)をもって、これに充てることができる。

> 注　第3項は、平成16年6月法律第88号により改正され、公布の日から起算して5年を超えない範囲内において政令で定める日から施行
> 　　第25条第3項中「社債等の振替に関する法律」を「社債、株式等の振替に関する法律」に、「第129条第1項」を「第300条第1項」に、「振替社債等」を「振替債」に改める。

4　宅地建物取引業者は、営業保証金を供託したときは、その供託物受入れの記載のある供託書の写しを添附して、その旨をその免許を受けた国土交通大臣又は都道府県知事に届け出なければならない。

5　宅地建物取引業者は、前項の規定による届出をした後でなければ、その事業を開始してはならない。

6　国土交通大臣又は都道府県知事は、第3条第1項の免許をした日から3月以内に宅地建物取引業者が第4項の規定による届出をしないときは、その届出をすべき旨の催告をしなければならない。

7　国土交通大臣又は都道府県知事は、前項の催告が到達した日から1月以内に宅地建物取引業者が第4項の規定による届出をしないときは、その免許を取り消すことができる。

8　第2項の規定に基づき政令を制定し、又は改廃する場合においては、その政令で、営業保証金の追加の供託又はその取戻しに関して、所要の経過措置(経過措置に関し監督上必要な措置を含む。)を定めることができる。

(事務所新設の場合の営業保証金)

第26条 宅地建物取引業者は、事業の開始後新たに事務所を設置したとき(第7条第1項各号の一に該当する場合において事務所の増設があつたときを含むものとする。)は、当該事務所につき前条第2項の政令で定める額の営業保証金を供託しなければならない。

2　前条第1項及び第3項から第5項までの規定は、前項の規定により供託する場合に準用する。

(営業保証金の還付)

第27条 宅地建物取引業者と宅地建物取引業に関し取引をした者は、その取引により生じた債権に関し、宅地建物取引業者が供託した営業保証金について、その債権の弁済を受ける権利を有する。

2　前項の権利の実行に関し必要な事項は、法務省令・国土交通省令で定める。

(営業保証金の不足額の供託)

第28条 宅地建物取引業者は、前条第1項の権利を有する者がその権利を実行したため、営業保証金が第25条第2項の政令で定める額に不足することとなつたときは、法務省令・国土交通省令で定める日から2週間以内にその不足額を供託しなければならない。

2　宅地建物取引業者は、前項の規定により営業保証金を供託したときは、その供託物受入れの記載のある供託書の写しを添附して、2週間以内に、その旨をその免許を受けた国土交通大臣又は都道府県知事に届け出なければならない。

3　第25条第3項の規定は、第1項の規定により供託する場合に準用する。

(営業保証金の保管替え等)

第29条 宅地建物取引業者は、その主たる事務所を移転したためその最寄りの供託所が変更した場合において、金銭のみをもって営業保証金を供託しているときは、法務省令・国土交通省令の定めるところにより、遅滞なく、費用を予納して、営業保証金を供託している供託所に対し、移転後の主たる事務所の最寄りの供託所への営業保証金の保管替えを請求し、その他のときは、遅滞なく、営業保証金を移転後の主たる事務所の最寄りの供託所に新たに供託しなければならない。

2　第25条第2項及び第3項の規定は、前項の規定により供託する場合に準用する。

(営業保証金の取戻し)

第30条 第3条第2項の有効期間(同条第4項に規定する場合にあつては、同項の規定によりなお効力を有することとされる期間を含む。第76条において同じ。)が満了したとき、第11条第2項の規定により免許が効力を失つ

たとき、同条第１項第一号若しくは第二号に該当することとなつたとき、又は第25条第７項、第66条若しくは第67条第１項の規定により免許を取り消されたときは、宅地建物取引業者であつた者又はその承継人（第76条の規定により宅地建物取引業者とみなされる者を除く。）は、当該宅地建物取引業者であつた者が供託した営業保証金を取り戻すことができる。宅地建物取引業者が一部の事務所を廃止した場合において、営業保証金の額が第25条第２項の政令で定める額を超えることとなつたときは、その超過額について、宅地建物取引業者が前条第１項の規定により供託した場合においては、移転前の主たる事務所のもよりの供託所に供託した営業保証金についても、また同様とする。

２　前項の営業保証金の取りもどし（前条第１項の規定により供託した場合における移転前の主たる事務所のもよりの供託所に供託した営業保証金の取りもどしを除く。）は、当該営業保証金につき第27条第１項の権利を有する者に対し、６月を下らない一定期間内に申し出るべき旨を公告し、その期間内にその申出がなかつた場合でなければ、これをすることができない。ただし、営業保証金を取りもどすことができる事由が発生した時から10年を経過したときは、この限りでない。

３　前項の公告その他営業保証金の取戻しに関し必要な事項は、法務省令・国土交通省令で定める。

（社員の地位を失つた場合の営業保証金の供託）

第64条の15　宅地建物取引業者は、第64条の８第１項の規定により国土交通大臣の指定する弁済業務開始日以後に宅地建物取引業保証協会の社員の地位を失つたときは、当該地位を失つた日から１週間以内に、第25条第１項から第３項までの規定により営業保証金を供託しなければならない。この場合においては、同条第４項の規定の適用があるものとする。

（指示及び業務の停止）

第65条　国土交通大臣又は都道府県知事は、その免許（第50条の２第１項の認可を含む。次項及び第70条第２項において同じ。）を受けた宅地建物取引業者が次の各号のいずれかに該当する場合又はこの法律の規定に違反した場合においては、当該宅地建物取引業者に対して、必要な指示をすることができる。

一　業務に関し取引の関係者に損害を与えたとき、又は損害を与えるおそれが大であるとき。

二　業務に関し取引の公正を害する行為をしたとき、又は取引の公正を害するおそれが大であるとき。

三　業務に関し他の法令に違反し、宅地建物取引業者として不適当であると認められるとき。

四　取引主任者が、第68条又は第68条の２第１項の規定による処分を受けた場合において、宅地建物取引業者の責めに帰すべき理由があるとき。

２　国土交通大臣又は都道府県知事は、その免許を受けた宅地建物取引業者が次の各号のいずれかに該当する場合においては、当該宅地建物取引業者に対し、１年以内の期間を定めて、その業務の全部又は一部の停止を命ずることができる。

一　前項第一号又は第二号に該当するとき（認可宅地建物取引業者の行う取引一任代理等に係るものに限る。）。

一の二　前項第三号又は第四号に該当するとき。

二　第13条、第15条第３項、第25条第５項（第26条第２項において準用する場合を含む。）、第28条第１項、第32条、第33条の２、第34条、第34条の２第１項若しくは第２項（第34条の３において準用する場合を含む。）、第35条第１項若しくは第２項、第36条、第37条第１項若しくは第２項、第41条第１項、第41条の２第１項、第43条から第45条まで、第46条第２項、第47条、第47条の２、第48条第１項若しくは第３項、第64条の９第２項、第64条の10第２項、第64条の12第４項、第64条の15前段又は第64条の23前段の規定に違反したとき。

> 注　第二号は、平成18年６月法律第66号により改正され、平成18年証券取引法改正法の施行の日〔公布の日から起算して１年６月を超えない範囲内において政令で定める日〕から施行
> 第65条第２項第二号中「第35条第１項若しくは第２項」を「第35条第１項から第３項まで」に改める。

三　前項又は次項の規定による指示に従わないとき。

四　この法律の規定に基づく国土交通大臣又は都道府県知事の処分に違反したとき。

五　前三号に規定する場合のほか、宅地建物取引業に関し不正又は著しく不当な行為をしたとき。

六　営業に関し成年者と同一の行為能力を有しない未成年者である場合において、その法定代理人が業務の停止をしようとするとき以前５年以内に宅地建物取引業に関し不正又は著しく不当な行為をしたとき。

七　法人である場合において、その役員又は政令で定める使用人のうちに業務の停止をしようとするとき以前５年以内に宅地建物取引業に関し不正又は著しく不当な行為をした者があるに至つたとき。

八　個人である場合において、政令で定める使用人のうちに業務の停止をしようとするとき以前５年以内に宅地建物取引業に関し不正又は著しく不当な行為をした者があるに至つたとき。

3　都道府県知事は、国土交通大臣又は他の都道府県知事の免許を受けた宅地建物取引業者で当該都道府県の区域内において業務を行なうものが、当該都道府県の区域内における業務に関し、第1項各号の一に該当する場合又はこの法律の規定に違反した場合においては、当該宅地建物取引業者に対して、必要な指示をすることができる。

4　都道府県知事は、国土交通大臣又は他の都道府県知事の免許を受けた宅地建物取引業者で当該都道府県の区域内において業務を行うもので、当該都道府県の区域内における業務に関し、次の各号の一に該当する場合においては、当該宅地建物取引業者に対し、1年以内の期間を定めて、その業務の全部又は一部の停止を命ずることができる。

一　第1項第三号又は第四号に該当するとき。
二　第13条、第15条第3項（事務所に係る部分を除く。）、第32条、第33条の2、第34条、第34条の2第1項若しくは第2項（第34条の3において準用する場合を含む。）、第35条第1項若しくは第2項、第36条、第37条第1項若しくは第2項、第41条第1項、第41条の2第1項、第43条から第45条まで、第46条第2項、第47条、第47条の2又は第48条第1項若しくは第3項の規定に違反したとき。

> 注　第4項は、平成18年6月法律第66号により改正され、平成18年証券取引法改正法の施行の日〔公布の日から起算して1年6月を超えない範囲内において政令で定める日〕から施行
> 第65条第4項中「一に」を「いずれかに」に改め、同項第二号中「第35条第1項若しくは第2項」を「第35条第1項から第3項まで」に改める。

三　第1項又は前項の規定による指示に従わないとき。
四　この法律の規定に基づく国土交通大臣又は都道府県知事の処分に違反したとき。
五　前三号に規定する場合のほか、不正又は著しく不当な行為をしたとき。

（免許の取消し）

第66条　国土交通大臣又は都道府県知事は、その免許を受けた宅地建物取引業者が次の各号のいずれかに該当する場合においては、当該免許を取り消さなければならない。

一　第5条第1項第一号、第三号又は第三号の二に該当するに至つたとき。
二　営業に関し成年者と同一の行為能力を有しない未成年者である場合において、その法定代理人が第5条第1項第一号から第三号の二までのいずれかに該当するに至つたとき。
三　法人である場合において、その役員又は政令で定める使用人のうちに第5条第1項第一号から第三号の二までのいずれかに該当する者があるに至つたとき。
四　個人である場合において、政令で定める使用人のうちに第5条第1項第一号から第三号の二までのいずれかに該当する者があるに至つたとき。
五　第7条第1項各号のいずれかに該当する場合において第3条第1項の免許を受けていないことが判明したとき。
六　免許を受けてから1年以内に事業を開始せず、又は引き続いて1年以上事業を休止したとき。
七　第11条第1項の規定による届出がなくて同項第三号から第五号までのいずれかに該当する事実が判明したとき。
八　不正の手段により第3条第1項の免許を受けたとき。
九　前条第2項各号のいずれかに該当し情状が特に重いとき、又は同条第2項若しくは第4項の規定による業務の停止の処分に違反したとき。

2　国土交通大臣又は都道府県知事は、その免許を受けた宅地建物取引業者が第3条の2第1項の規定により付された条件に違反したときは、当該宅地建物取引業者の免許を取り消すことができる。

第67条　国土交通大臣又は都道府県知事は、その免許を受けた宅地建物取引業者の事務所の所在地を確知できないとき、又はその免許を受けた宅地建物取引業者の所在（法人である場合においては、その役員の所在をいう。）を確知できないときは、官報又は当該都道府県の公報でその事実を公告し、その公告の日から30日を経過しても当該宅地建物取引業者から申出がないときは、当該宅地建物取引業者の免許を取り消すことができる。

2　前項の規定による処分については、行政手続法第3章の規定は、適用しない。

（認可の取消し等）

第67条の2　国土交通大臣は、認可宅地建物取引業者が次の各号のいずれかに該当する場合においては、当該認可を取り消すことができる。

一　認可を受けてから1年以内に第50条の2第1項各号のいずれかに該当する契約を締結せず、又は引き続いて1年以上同項各号のいずれかに該当する契約を締結していないとき。
二　不正の手段により第50条の2第1項の認可を受けたとき。
三　第65条第2項各号のいずれかに該当し情状が特に重いとき、又は同項の規定による業務の停止の処分に違

反したとき。
2　国土交通大臣は、認可宅地建物取引業者が第50条の2の2第1項の規定により付された条件に違反したときは、当該認可宅地建物取引業者に係る認可を取り消すことができる。
3　第3条第2項の有効期間が満了した場合において免許の更新がなされなかつたとき、第11条第2項の規定により免許が効力を失つたとき、又は認可宅地建物取引業者が同条第1項第二号に該当したとき、若しくは第25条第7項、第66条若しくは第67条第1項の規定により免許を取り消されたときは、当該認可宅地建物取引業者に係る認可は、その効力を失う。

（取引主任者としてすべき事務の禁止等）
第68条　都道府県知事は、その登録を受けている取引主任者が次の各号の一に該当する場合においては、当該取引主任者に対し、必要な指示をすることができる。
　一　宅地建物取引業者に自己が専任の取引主任者として従事している事務所以外の事務所の専任の取引主任者である旨の表示をすることを許し、当該宅地建物取引業者がその旨の表示をしたとき。
　二　他人に自己の名義の使用を許し、当該他人がその名義を使用して取引主任者である旨の表示をしたとき。
　三　取引主任者として行う事務に関し不正又は著しく不当な行為をしたとき。
2　都道府県知事は、その登録を受けている取引主任者が前項各号の一に該当する場合又は同項若しくは次項の規定による指示に従わない場合においては、当該取引主任者に対し、1年以内の期間を定めて、取引主任者としてすべき事務を行うことを禁止することができる。
3　都道府県知事は、当該都道府県の区域内において、他の都道府県知事の登録を受けている取引主任者が第1項各号の一に該当する場合においては、当該取引主任者に対し、必要な指示をすることができる。
4　都道府県知事は、当該都道府県の区域内において、他の都道府県知事の登録を受けている取引主任者が第1項各号の一に該当する場合又は同項若しくは前項の規定による指示に従わない場合においては、当該取引主任者に対し、1年以内の期間を定めて、取引主任者としてすべき事務を行うことを禁止することができる。

（登録の消除）
第68条の2　都道府県知事は、その登録を受けている取引主任者が次の各号の一に該当する場合においては、当該登録を消除しなければならない。
　一　第18条第1項第一号から第五号の二までの一に該当するに至つたとき。
　二　不正の手段により第18条第1項の登録を受けたとき。
　三　不正の手段により取引主任者証の交付を受けたとき。
　四　前条第1項各号の一に該当し情状が特に重いとき、又は同条第2項若しくは第4項の規定による事務の禁止の処分に違反したとき。
2　第18条第1項の登録を受けている者で取引主任者証の交付を受けていないものが次の各号の一に該当する場合においては、当該登録をしている都道府県知事は、当該登録を消除しなければならない。
　一　第18条第1項第一号から第五号の二までの一に該当するに至つたとき。
　二　不正の手段により第18条第1項の登録を受けたとき。
　三　取引主任者としてすべき事務を行い、情状が特に重いとき。

（聴聞の特例）
第69条　国土交通大臣又は都道府県知事は、第65条又は第68条の規定による処分をしようとするときは、行政手続法第13条第1項の規定による意見陳述のための手続の区分にかかわらず、聴聞を行わなければならない。
2　第16条の15第3項から第5項までの規定は、第65条、第66条、第67条の2第1項若しくは第2項、第68条又は前条の規定による処分に係る聴聞について準用する。

（監督処分の公告等）
第70条　国土交通大臣又は都道府県知事は、第65条第2項若しくは第4項、第66条又は第67条の2第1項若しくは第2項の規定による処分をしたときは、国土交通省令の定めるところにより、その旨を公告しなければならない。
2　国土交通大臣は、第65条第2項の規定による処分（第50条の2第1項の認可に係る処分に限る。）又は第67条の2第1項若しくは第2項の規定による処分をした場合であつて、当該認可宅地建物取引業者が都道府県知事の免許を受けたものであるときは、遅滞なく、その旨を当該都道府県知事に通知しなければならない。
3　都道府県知事は、第65条第3項又は第4項の規定による処分をしたときは、遅滞なく、その旨を、当該宅地建物取引業者が国土交通大臣の免許を受けたものであるときは国土交通大臣に報告し、当該宅地建物取引業者が他の都道府県知事の免許を受けたものであるときは当該他の都道府県知事に通知しなければならない。
4　都道府県知事は、第68条第3項又は第4項の規定による処分をしたときは、遅滞なく、その旨を当該取引主任

者の登録をしている都道府県知事に通知しなければならない。

（指導等）

第71条　国土交通大臣はすべての宅地建物取引業者に対して、都道府県知事は当該都道府県の区域内で宅地建物取引業を営む宅地建物取引業者に対して、宅地建物取引業の適正な運営を確保し、又は宅地建物取引業の健全な発達を図るため必要な指導、助言及び勧告をすることができる。

（報告及び検査）

第72条　国土交通大臣は、宅地建物取引業を営むすべての者に対して、都道府県知事は、当該都道府県の区域内で宅地建物取引業を営む者に対して、宅地建物取引業の適正な運営を確保するため必要があると認めるときは、その業務について必要な報告を求め、又はその職員に事務所その他その業務を行なう場所に立ち入り、帳簿、書類その他業務に関係のある物件を検査させることができる。

2　国土交通大臣は、すべての取引主任者に対して、都道府県知事は、その登録を受けている取引主任者及び当該都道府県の区域内でその事務を行う取引主任者に対して、取引主任者の事務の適正な遂行を確保するため必要があると認めるときは、その事務について必要な報告を求めることができる。

3　第1項の規定により立入検査をする職員は、その身分を示す証明書を携帯し、関係人の請求があつたときは、これを提示しなければならない。

4　第1項の規定による立入検査の権限は、犯罪捜査のために認められたものと解してはならない。

（信託会社等に関する特例）

第77条　第3条から第7条まで、第12条、第25条第7項、第66条及び第67条第1項の規定は、信託業法（平成16年法律第154号）第3条又は第53条第1項の免許を受けた信託会社（政令で定めるものを除く。次項及び第3項において同じ。）には、適用しない。

2　宅地建物取引業を営む信託会社については、前項に掲げる規定を除き、国土交通大臣の免許を受けた宅地建物取引業者とみなしてこの法律の規定を適用する。

3　信託会社は、宅地建物取引業を営もうとするときは、国土交通省令の定めるところにより、その旨を国土交通大臣に届け出なければならない。

4　信託業務を兼営する金融機関及び第1項の政令で定める信託会社に対するこの法律の規定の適用に関し必要な事項は、政令で定める。

第77条の2　第3条から第7条まで、第12条、第25条第7項、第66条及び第67条第1項の規定は、認可宅地建物取引業者がその資産の運用を行う登録投資法人（投資信託及び投資法人に関する法律第2条第20項に規定する登録投資法人をいう。）には、適用しない。

> 注　第1項は、平成18年6月法律第66号により改正され、平成18年証券取引法改正法の施行の日〔公布の日から起算して1年6月を超えない範囲内において政令で定める日〕から施行
> 　第77条の2第1項中「第2条第20項」を「第2条第13項」に改める。

2　前項の登録投資法人については、前項に掲げる規定並びに第15条、第35条、第35条の2、第37条及び第48条から第50条までの規定を除き、国土交通大臣の免許を受けた宅地建物取引業者とみなしてこの法律の規定を適用する。

（適用の除外）

第78条　この法律の規定は、国及び地方公共団体には、適用しない。

2　第33条の2及び第37条の2から第43条までの規定は、宅地建物取引業者相互間の取引については、適用しない。

（権限の委任）

第78条の2　この法律に規定する国土交通大臣の権限は、国土交通省令で定めるところにより、その一部を地方整備局長又は北海道開発局長に委任することができる。

（申請書等の経由）

第78条の3　第4条第1項、第9条及び第11条第1項の規定により国土交通大臣に提出すべき申請書その他の書類は、その主たる事務所（同項の規定の場合にあつては、同項各号の一に該当することとなつた者の主たる事務所）の所在地を管轄する都道府県知事を経由しなければならない。

2　第50条第2項の規定により国土交通大臣に提出すべき届出書は、その届出に係る業務を行う場所の所在地を管轄する都道府県知事を経由しなければならない。

（事務の区分）

第78条の4　第8条、第10条、第14条及び前条の規定により都道府県が処理することとされている事務（第8条、第10条及び第14条の規定により処理することとされているものについては、国土交通大臣の免許を受けた宅地建物取引業者に係る宅地建物取引業者名簿の備付け、登載、閲覧、訂正及び消除に関するものに限る。）は、地方自治法第2条第9項第一号に規定する第一号法定受託事務とする。

第79条　次の各号のいずれかに該当する者は、3年以下の懲役若しくは300万円以下の罰金に処し、又はこれを併

科する。
一 不正の手段によつて第3条第1項の免許を受けた者
二 第12条第1項の規定に違反した者
三 第13条第1項の規定に違反して他人に宅地建物取引業を営ませた者
四 第65条第2項又は第4項の規定による業務の停止の命令に違反して業務を営んだ者

第82条 次の各号のいずれかに該当する者は、100万円以下の罰金に処する。
一 第4条第1項の免許申請書又は同条第2項の書類に虚偽の記載をして提出した者
二 第12条第2項、第13条第2項、第15条第3項又は第46条第2項の規定に違反した者
三 不正の手段によつて第41条第1項第一号又は第41条の2第1項第一号の指定を受けた者
四 第56条第1項の規定に違反して手付金等保証事業以外の事業を営んだ者
五 第60条（第64条の17第3項において準用する場合を含む。）の規定に違反して保証委託契約を締結した者
六 第61条（第63条の3第2項において準用する場合を含む。）又は第64条の20の規定による命令に違反した者
七 第63条の3第2項において準用する第56条第1項の規定に違反して手付金等保管事業以外の事業を営んだ者
八 第63条の3第2項において準用する第51条第3項第一号の事業方法書によらないで手付金等保管事業を営んだ者

第83条 次の各号のいずれかに該当する者は、50万円以下の罰金に処する。
一 第9条、第50条第2項、第53条（第63条の3第2項において準用する場合を含む。）、第63条第2項（第63条の3第2項において準用する場合を含む。）又は第77条第3項の規定による届出をせず、又は虚偽の届出をした者
二 第37条、第46条第4項、第48条第1項又は第50条第1項の規定に違反した者
三 第45条又は第75条の2の規定に違反した者
三の二 第48条第3項の規定に違反して従業者名簿を備えず、又はこれに同項に規定する事項を記載せず、若しくは虚偽の記載をした者
四 第49条の規定による帳簿を備え付けず、又はこれに同条に規定する事項を記載せず、若しくは虚偽の記載をした者
五 第50条の12第1項、第63条第1項若しくは第3項（これらの規定を第63条の3第2項において準用する場合を含む。）、第63条の2第1項（第63条の3第2項及び第64条の18において準用する場合を含む。）又は第72条第1項若しくは第2項の規定による報告をせず、若しくは事業計画書、事業報告書若しくは資料の提出をせず、又は虚偽の報告をし、若しくは虚偽の記載をした事業計画書、事業報告書若しくは虚偽の資料を提出した者
六 第50条の12第1項、第63条の2第1項（第63条の3第2項及び第64条の18において準用する場合を含む。）又は第72条第1項の規定による検査を拒み、妨げ、又は忌避した者
七 第63条の5の規定に違反して寄託金保管簿を備えず、これに同条に規定する事項を記載せず、若しくは虚偽の記載をし、又は寄託金保管簿を保存しなかつた者

2 前項第三号の罪は、告訴がなければ公訴を提起することができない。

第84条 法人の代表者又は法人若しくは人の代理人、使用人その他の従業者が、その法人又は人の業務に関し、次の各号に掲げる規定の違反行為をしたときは、その行為者を罰するほか、その法人に対して当該各号に定める罰金刑を、その人に対して各本条の罰金刑を科する。
一 第79条又は第79条の2　1億円以下の罰金刑
二 第80条又は第81条から第83条まで（同条第1項第三号を除く。）　各本条の罰金刑

第86条 第22条の2第6項若しくは第7項、第35条第3項又は第75条の規定に違反した者は、10万円以下の過料に処する。

> 注　第86条は、平成18年6月法律第66号により改正され、平成18年証券取引法改正法の施行の日〔公布の日から起算して1年6月を超えない範囲内において政令で定める日〕から施行
> 第86条中「第35条第3項」を「第35条第4項」に改める。

◯宅地建物取引業法施行令〔抄〕

(昭和39年12月28日政令第383号)

最終改正　平成18年12月8日政令第379号

(法第3条第1項の事務所)
第1条の2　法第3条第1項の事務所は、次に掲げるものとする。
　一　本店又は支店(商人以外の者にあつては、主たる事務所又は従たる事務所)
　二　前号に掲げるもののほか、継続的に業務を行なうことができる施設を有する場所で、宅地建物取引業に係る契約を締結する権限を有する使用人を置くもの

(免許手数料)
第2条　法第3条第6項に規定する免許手数料の額は、3万3千円とする。
2　前項の免許手数料は、国土交通省令で定めるところにより、収入印紙をもつて納付しなければならない。ただし、行政手続等における情報通信の技術の利用に関する法律(平成14年法律第151号)第3条第1項の規定により同項に規定する電子情報処理組織を利用して法第3条第3項の免許の更新の申請をする場合には、国土交通省令で定めるところにより、現金をもつてすることができる。

【地方公共団体の手数料の標準に関する政令】

最終改正　平成18年11月29日政令第369号

地方自治法第228条第1項の手数料について全国的に統一して定めることが特に必要と認められるものとして政令で定める事務(以下「標準事務」という。)は、次の表の上欄に掲げる事務とし、同項の当該標準事務に係る事務のうち政令で定めるもの(以下「手数料を徴収する事務」という。)は、同表の上〔左〕欄に掲げる標準事務についてそれぞれ同表の中欄に掲げる事務とし、同項の政令で定める金額は、同表の中欄に掲げる手数料を徴収する事務についてそれぞれ同表の下〔右〕欄に掲げる金額とする。

六十　宅地建物取引業法(昭和27年法律第176号)第3条第1項及び第3項並びに第6条の規定に基づく宅地建物取引業の免許に関する事務	1　宅地建物取引業法第3条第1項の規定に基づく宅地建物取引業の免許の申請に対する審査	3万3千円
	2　宅地建物取引業法第3条第3項の規定に基づく宅地建物取引業の免許の更新の申請に対する審査	3万3千円

(法第4条第1項第二号等の政令で定める使用人)
第2条の2　法第4条第1項第二号及び第三号、第5条第1項第七号及び第八号、第8条第2項第三号及び第四号、第65条第2項第七号及び第八号並びに第66条第1項第三号及び第四号の政令で定める使用人は、宅地建物取引業者の使用人で、宅地建物取引業に関し第1条の2に規定する事務所の代表者であるものとする。

○宅地建物取引業法施行規則〔抄〕

(昭和32年7月22日)
(建設省令第12号)

最終改正　平成18年12月1日国土交通省令第107号

（免許申請書の様式）

第1条　宅地建物取引業法（以下「法」という。）第4条第1項に規定する免許申請書の様式は、別記様式第一号によるものとする。

（添付書類）

第1条の2　法第4条第2項第四号に規定する国土交通省令で定める書面は、次に掲げるものとする。ただし、第一号の書類のうち成年被後見人に該当しない旨の登記事項証明書（後見登記等に関する法律（平成11年法律第152号）第10条第1項に規定する登記事項証明書をいう。以下「後見等登記事項証明書」という。）については、その旨を証明した市町村（特別区を含む。以下同じ。）の長の証明書をもつて代えることができる。

一　法第3条第1項の免許を受けようとする者（法人である場合においてはその役員（相談役及び顧問を含む。）をいい、営業に関し成年者と同一の行為能力を有しない未成年者である場合においてはその法定代理人を含む。以下この条において「免許申請者」という。）、宅地建物取引業法施行令（昭和39年政令第383号。以下「令」という。）第2条の2で定める使用人及び事務所ごとに置かれる法第15条第1項に規定する取引主任者が、法第5条第1項第一号に規定する成年被後見人及び被保佐人に該当しない旨の後見等登記事項証明書

一の二　免許申請者、令第2条の2で定める使用人及び事務所ごとに置かれる法第15条第1項に規定する取引主任者が、民法の一部を改正する法律（平成11年法律第149号）附則第3条第1項及び第2項の規定により法第5条第1項第一号に規定する成年被後見人及び被保佐人とみなされる者に該当しない旨の市町村の長の証明書並びに同号に規定する破産者で復権を得ないものに該当しない旨の市町村の長の証明書

二　法人である場合においては、相談役及び顧問の氏名及び住所並びに発行済株式総数の100分の5以上の株式を有する株主又は出資の額の100分の5以上の額に相当する出資をしている者の氏名又は名称、住所及びその有する株式の数又はその者のなした出資の金額を記載した書面

三　事務所を使用する権原に関する書面

四　事務所付近の地図及び事務所の写真

五　免許申請者、令第2条の2で定める使用人及び事務所ごとに置かれる法第15条第1項に規定する取引主任者の略歴を記載した書面

六　法人である場合においては、直前1年の各事業年度の貸借対照表及び損益計算書

七　個人である場合においては、資産に関する調書

八　宅地建物取引業に従事する者の名簿

九　法人である場合においては法人税、個人である場合においては所得税の直前1年の各年度における納付すべき額及び納付済額を証する書面

十　法人である場合においては、登記事項証明書

2　国土交通大臣又は都道府県知事は、免許申請者（個人に限る。）に係る本人確認情報（住民基本台帳法（昭和42年法律第81号）第30条の5第1項に規定する本人確認情報をいう。以下同じ。）について、同法第30条の7第3項若しくは第5項の規定によるその提供を受けることができないとき、又は同法第30条の8第1項の規定によるその利用ができないときは、その者に対し、住民票の抄本又はこれに代わる書面を提出させることができる。

3　法第4条第2項第一号から第三号まで並びに第1項第二号、第三号、第五号、第七号及び第八号に掲げる添付書類の様式は、別記様式第二号によるものとする。

（免許申請手数料の納付方法）

第1条の3　法第3条第6項に規定する手数料は、法第4条第1項の規定による免許申請書に収入印紙をはつて納付するものとする。ただし、令第2条第2項ただし書の規定により現金をもつて手数料を納付するときは、同項ただし書の申請を行つたことにより得られた納付情報により、当該手数料を納付するものとする。

（提出すべき書類の部数）

第2条　法第3条第1項の規定により国土交通大臣の免許を受けようとする者が法第4条の規定により提出すべき免許申請書及びその添付書類の部数は、正本1通及びその写し1通とする。ただし、免許申請書の添付書類のうち、第1条の2第1項第四号に規定する事務所付近の地図及び事務所の写真は、写しには添付することを要しないものとする。

2　法第3条第1項の規定により都道府県知事の免許を受

けようとする者が法第4条の規定により提出すべき免許申請書及びその添付書類の部数は、当該都道府県知事の定めるところによる。

（免許の更新の申請期間）

第3条 法第3条第3項の規定により同項の免許の更新を受けようとする者は、免許の有効期間満了の日の90日前から30日前までの間に免許申請書を提出しなければならない。

（免許証の様式）

第4条 法第6条の規定により交付しなければならない免許証の様式は、別記様式第三号によるものとする。

（免許証の書換え交付の申請）

第4条の2 宅地建物取引業者は、免許証の記載事項に変更を生じたときは、その免許証を添え、法第9条の規定による変更の届出と併せて、その免許を受けた国土交通大臣又は都道府県知事に免許証の書換え交付を申請しなければならない。

2　前項の規定による書換え交付の申請は、別記様式第三号の二による宅地建物取引業者免許証書換え交付申請書により行うものとする。

（免許証の再交付の申請）

第4条の3 宅地建物取引業者は、免許証を亡失し、滅失し、汚損し、又は破損したときは、遅滞なく、その免許を受けた国土交通大臣又は都道府県知事に免許証の再交付を申請しなければならない。

2　免許証を汚損し、又は破損した宅地建物取引業者が前項の申請をする場合には、その汚損し、又は破損した免許証を添えてしなければならない。

3　第1項の規定による再交付の申請は、別記様式第三号の三による宅地建物取引業者免許証再交付申請書により行うものとする。

（返納）

第4条の4 宅地建物取引業者は、次の各号のいずれかに該当する場合には、遅滞なく、その免許を受けた国土交通大臣又は都道府県知事に免許証を返納しなければならない。

一　法第7条第1項の規定により免許がその効力を失つたとき。

二　法第66条又は第67条第1項の規定により免許を取り消されたとき。

三　亡失した免許証を発見したとき。

2　法第11条の規定により廃業等の届出をする者は、当該廃業等に係る宅地建物取引業者が国土交通大臣の免許を受けた者であるときは国土交通大臣に、都道府県知事の免許を受けた者であるときは都道府県知事に免許証を返納しなければならない。

（免許換えの通知）

第4条の5 宅地建物取引業者が法第3条第1項の免許を受けた後、法第7条第1項各号のいずれかに該当して引き続き宅地建物取引業を営もうとする場合において、国土交通大臣又は都道府県知事は、法第3条第1項の免許をしたときは、遅滞なく、その旨を、従前の免許をした都道府県知事又は国土交通大臣に通知するものとする。

（名簿の登載事項）

第5条 法第8条第2項第八号に規定する省令で定める事項は、次の各号に掲げるものとする。

一　法第65条第1項若しくは第3項に規定する指示又は同条第2項若しくは第4項に規定する業務停止の処分があつたときは、その年月日及び内容

二　宅地建物取引業以外の事業を行なつているときは、その事業の種類

（名簿等の閲覧）

第5条の2 国土交通大臣又は都道府県知事は、法第10条の規定により宅地建物取引業者名簿並びに免許の申請及び法第9条の規定による変更の届出に係る書類を一般の閲覧に供するため、宅地建物取引業者名簿閲覧所（以下この条において「閲覧所」という。）を設けなければならない。

2　国土交通大臣又は都道府県知事は、前項の規定により閲覧所を設けたときは、当該閲覧所の閲覧規則を定めるとともに、当該閲覧所の場所及び閲覧規則を告示しなければならない。

（変更等の手続）

第5条の3 法第9条の規定による変更の届出は、別記様式第三号の四による宅地建物取引業者名簿登載事項変更届出書により行うものとする。

2　法第9条の規定により変更の届出をしようとする者は、その変更が法人の役員、令第2条の2で定める使用人若しくは事務所ごとに置かれる法第15条第1項に規定する取引主任者の増員若しくは交代又は事務所の新設若しくは移転によるものであるときは、その届出に係る者又は事務所に関する法第4条第2項第二号及び第三号並びに第1条の2第1項第一号、第一号の二及び第三号から第五号までに掲げる書類を添付して届け出なければならない。

3　第2条の規定は、法第9条の規定により変更の届出をする際の提出すべき書類の部数について準用する。

（名簿の訂正）

第5条の4 国土交通大臣又は都道府県知事は、法第9条の規定による届出があつたときは、宅地建物取引業者名

簿につき、当該変更に係る事項を訂正しなければならない。

(廃業等の手続)

第5条の5 法第11条第1項の規定による廃業等の届出は、別記様式第三号の五による廃業等届出書により行うものとする。

(名簿の消除)

第6条 国土交通大臣又は都道府県知事は、次の各号の一に掲げる場合には、宅地建物取引業者名簿につき、当該宅地建物取引業者に係る部分を消除しなければならない。

一 法第3条第2項の有効期間が満了したとき。

二 法第7条第1項又は第11条第2項の規定により免許がその効力を失つたとき。

三 法第11条第1項第一号若しくは第二号の規定により届出があつたとき又は同項の規定による届出がなくて同項第一号若しくは第二号に該当する事実が判明したとき。

四 法第25条第7項、第66条又は第67条第1項の規定により免許を取り消したとき。

五 法第77条の2第1項に規定する登録投資法人が投資信託及び投資法人に関する法律(昭和26年法律第198号)第217条の規定により同法第187条の登録が抹消されたとき、又は当該登録投資法人の資産の運用を行う認可宅地建物取引業者(法第50条の2第2項に規定する認可宅地建物取引業者をいう。以下同じ。)に係る法第50条の2第1項の認可が法第67条の2第1項若しくは第2項の規定により取り消され、若しくは同条第3項の規定によりその効力を失つたとき。

2 国土交通大臣は、前項の規定により宅地建物取引業者名簿を消除したときは、遅滞なく、その旨を、その消除に係る宅地建物取引業者であつた者の主たる事務所の所在地を管轄する都道府県知事に通知するものとする。

(法第15条第1項の国土交通省令で定める場所)

第6条の2 法第15条第1項の国土交通省令で定める場所は、次に掲げるもので、宅地若しくは建物の売買若しくは交換の契約(予約を含む。以下この項において同じ。)若しくは宅地若しくは建物の売買、交換若しくは貸借の代理若しくは媒介の契約を締結し、又はこれらの契約の申込みを受けるものとする。

一 継続的に業務を行うことができる施設を有する場所で事務所以外のもの

二 宅地建物取引業者が10区画以上の一団の宅地又は10戸以上の一団の建物の分譲(以下この条、第16条の5及び第19条第1項において「一団の宅地建物の分譲」という。)を案内所を設置して行う場合にあつては、その案内所

三 他の宅地建物取引業者が行う一団の宅地建物の分譲の代理又は媒介を案内所を設置して行う場合にあつては、その案内所

四 宅地建物取引業者が業務に関し展示会その他これに類する催しを実施する場合にあつては、これらの催しを実施する場所

(法第15条第1項の国土交通省令で定める数)

第6条の3 法第15条第1項の国土交通省令で定める数は、事務所にあつては当該事務所において宅地建物取引業者の業務に従事する者の数に対する同項に規定する取引主任者(同条第2項の規定によりその者とみなされる者を含む。)の数の割合が5分の1以上となる数、前条に規定する場所にあつては一以上とする。

(合格の取消し等の報告等)

第13条の14 指定試験機関は、法第17条第2項の規定により同条第1項に規定する都道府県知事の職権を行つたときは、遅滞なく次に掲げる事項を記載した報告書を委任都道府県知事に提出しなければならない。

一 不正行為者の氏名、住所及び生年月日

二 不正行為に係る試験の年月日及び試験地

三 不正行為の事実

四 処分の内容及び年月日

五 その他参考事項

2 都道府県知事は、法第17条第3項の規定による処分を行つたときは、遅滞なく、その旨を指定試験機関に通知するものとする。

(法第18条第1項の国土交通省令で定める期間)

第13条の15 法第18条第1項の国土交通省令で定める期間は、2年とする。

(登録を受けることのできる都道府県)

第14条 二以上の都道府県において試験に合格した者は、当該試験を行なつた都道府県知事のうちいずれか一の都道府県知事の登録のみを受けることができる。

(宅地建物取引主任者資格登録簿の登載事項)

第14条の2 法第18条第2項に規定する国土交通省令で定める事項は、次に掲げるものとする。

一 本籍(日本の国籍を有しない者にあつては、その者の有する国籍)及び性別

二 試験の合格年月日及び合格証書番号

三 法第18条第1項の実務の経験を有する者である場合においては、申請時現在の当該実務の経験の期間及びその内容並びに従事していた宅地建物取引業者の商号又は名称及び免許証番号

四　法第18条第１項の規定により能力を有すると認められた者である場合においては、当該認定の内容及び年月日

五　宅地建物取引業者の業務に従事する者にあつては、当該宅地建物取引業者の商号又は名称及び免許証番号

2　法第18条第２項の規定による登録簿の様式は、別記様式第四号によるものとする。

（登録の申請）

第14条の３　法第19条第１項の登録申請書には、氏名、生年月日、住所及び前条第１項各号に掲げる事項を記載しなければならない。

2　前項の登録申請書には、登録の申請前６月以内に撮影した無帽、正面、上半身、無背景の縦の長さ３センチメートル、横の長さ2.4センチメートルの写真を貼付しなければならない。

3　第１項の登録申請書には、次に掲げる書類を添付しなければならない。ただし、第三号の書類のうち成年被後見人に該当しない旨の後見等登記事項証明書については、その旨を証明した市町村の長の証明書をもって代えることができる。

一　未成年者にあつては、法第18条第１項第一号に該当しないことを証する書面

二　法第18条第１項の実務の経験を有する者であることを証する書面又は同項の規定により能力を有すると認められた者であることを証する書面

三　法第18条第１項第二号に規定する成年被後見人及び被保佐人に該当しない旨の登記事項証明書

四　民法の一部を改正する法律附則第３条第１項及び第２項の規定により法第18条第１項第二号に規定する成年被後見人及び被保佐人とみなされる者に該当しない旨の市町村の長の証明書並びに同項第三号に規定する破産者で復権を得ないものに該当しない旨の市町村の長の証明書

五　法第18条第１項第四号から第八号までに該当しない旨を誓約する書面

4　都道府県知事は、法第18条第１項の登録を受けようとする者に係る本人確認情報について、住民基本台帳法第30条の７第５項の規定によるその提供を受けることができないとき、又は同法第30条の８第１項の規定によるその利用ができないときは、その者に対し、住民票の抄本又はこれに代わる書面を提出させることができる。

5　第１項の登録申請書、第３項第三号の書面のうち法第18条第１項の実務の経験を有する者であることを証する書面及び第３項第五号の誓約書の様式は、それぞれ別記様式第五号、別記様式第五号の二及び別記様式第六号によるものとする。

（登録の通知等）

第14条の４　都道府県知事は、法第19条第２項の規定により登録をしたときは、遅滞なく、その旨を当該登録に係る者に通知しなければならない。

2　都道府県知事は、法第18条第１項の登録を受けようとする者が次の各号の一に該当する者であるときは、その登録を拒否するとともに、遅滞なく、その理由を示して、その旨をその者に通知しなければならない。

一　法第18条第１項の実務の経験を有する者又は同項の規定により能力を有すると認められた者以外の者

二　法第18条第１項各号の一に該当する者

三　他の都道府県知事の登録を現に受けている者

（宅地建物取引主任者資格登録の移転の申請）

第14条の５　法第19条の２の規定による登録の移転の申請をしようとする者は、次に掲げる事項を記載した登録移転申請書を提出しなければならない。

一　氏名、生年月日、住所、本籍（日本の国籍を有しない者にあつては、その者の有する国籍）及び性別

二　申請時現在の登録番号

三　申請時現在の登録をしている都道府県知事

四　移転を必要とする理由

五　移転後において業務に従事し、又は従事しようとする宅地建物取引業者の商号又は名称及び免許証番号

2　前項の登録移転申請書には、登録の移転の申請前６月以内に撮影した無帽、正面、上半身、無背景の縦の長さ３センチメートル、横の長さ2.4センチメートルの写真を貼付しなければならない。

3　第１項の登録移転申請書の様式は、別記様式第六号の二によるものとする。

（登録の移転の通知）

第14条の６　都道府県知事は、法第19条の２の規定による登録の移転をしたときは、遅滞なく、その旨を登録の移転の申請をした者及び移転前に登録をしていた都道府県知事に通知しなければならない。

（変更の登録）

第14条の７　法第20条の規定による変更の登録を申請しようとする者は、別記様式第七号による変更登録申請書をその者の登録をしている都道府県知事に提出しなければならない。

2　都道府県知事は、前項に規定する変更登録申請書の提出があつたときは、遅滞なく、変更の登録をするとともに、その旨を変更の登録を申請した者に通知しなければならない。

（死亡等の届出の様式）

第14条の7の2　法第21条の規定による死亡等の届出は、別記様式第七号の二による死亡等届出書により行うものとする。

（登録の消除）

第14条の8　都道府県知事は、法第22条の規定により登録を消除したときは、その理由を示して、その登録の消除に係る者、相続人、後見人又は保佐人に通知しなければならない。

（監督処分の記載）

第14条の9　都道府県知事は、法第68条第1項若しくは第3項の規定による指示又は同条第2項若しくは第4項の規定による禁止の処分をしたときは、その内容及び年月日を宅地建物取引主任者資格登録簿に記載するものとする。

（取引主任者証の交付の申請）

第14条の10　法第22条の2第1項の規定により取引主任者証の交付を申請しようとする者は、次に掲げる事項を記載した宅地建物取引主任者証交付申請書（以下この条において「交付申請書」という。）に交付の申請前6月以内に撮影した無帽、正面、上半身、無背景の縦の長さ3センチメートル、横の長さ2.4センチメートルの写真でその裏面に氏名及び撮影年月日を記入したもの（以下「取引主任者証用写真」という。）を添えて、登録を受けている都道府県知事に提出しなければならない。
　一　申請者の氏名、生年月日及び住所
　二　登録番号
　三　宅地建物取引業者の業務に従事している場合にあつては、当該宅地建物取引業者の商号又は名称及び免許証番号
　四　試験に合格した後1年を経過しているか否かの別
2　取引主任者証の交付を申請しようとする者（試験に合格した後1年以内に交付を申請しようとする者及び次項に規定する者を除く。）は、交付申請書に法第22条の2第2項に規定する講習を受講した旨の証明を受け、又は交付申請書にその講習を受講した旨の証明書を添付しなければならない。
3　法第19条の2の規定による登録の移転の申請とともに取引主任者証の交付を申請しようとする者は、第14条の5の登録移転申請書と交付申請書をあわせて提出しなければならない。この場合において、交付申請書には第1項第二号に掲げる事項は記載することを要しないものとする。
4　交付申請書の様式は、別記様式第七号の二の二によるものとする。

（取引主任者証の記載事項及び様式）

第14条の11　取引主任者証には、次に掲げる事項を記載するものとする。
　一　取引主任者の氏名、生年月日及び住所
　二　登録番号及び登録年月日
　三　取引主任者証の交付年月日
　四　取引主任者証の有効期間の満了する日
2　取引主任者証の様式は、別記様式第七号の三によるものとする。

（取引主任者証の交付の記載）

第14条の12　都道府県知事は、取引主任者証を交付したときは、交付年月日、有効期間の満了する日及び発行番号を宅地建物取引主任者資格登録簿に記載するものとする。

（取引主任者証の書換え交付）

第14条の13　取引主任者は、その氏名又は住所を変更したときは、法第20条の規定による変更の登録の申請とあわせて、取引主任者証の書換え交付を申請しなければならない。
2　前項の規定による書換え交付の申請は、取引主任者証用写真を添付した別記様式第七号の四による宅地建物取引主任者証書換え交付申請書により行うものとする。ただし、住所のみの変更の場合にあつては、取引主任者証用写真は添付することを要しないものとする。
3　取引主任者証の書換え交付は、当該取引主任者が現に有する取引主任者証と引換えに新たな取引主任者証を交付して行うものとする。ただし、住所のみの変更の場合にあつては、当該取引主任者が現に有する取引主任者証の裏面に変更した後の住所を記載することをもつてこれに代えることができる。

（登録の移転に伴う取引主任者証の交付）

第14条の14　法第19条の2の規定による登録の移転の申請とともに取引主任者証の交付の申請があつた場合における取引主任者証の交付は、当該取引主任者が現に有する取引主任者証と引換えに新たな取引主任者証を交付して行うものとする。

（取引主任者証の再交付等）

第14条の15　取引主任者は、取引主任者証を亡失し、滅失し、汚損し、又は破損したときは、その交付を受けた都道府県知事に取引主任者証の再交付を申請することができる。
2　前項の規定による再交付を申請しようとする者は、取引主任者証用写真を添付した別記様式第七号の五による宅地建物取引主任者証再交付申請書を提出しなければならない。
3　汚損又は破損を理由とする取引主任者証の再交付は、

汚損し、又は破損した取引主任者証と引換えに新たな取引主任者証を交付して行うものとする。

4　取引主任者は、取引主任者証の亡失によりその再交付を受けた後において、亡失した取引主任者証を発見したときは、速やかに、発見した取引主任者証をその交付を受けた都道府県知事に返納しなければならない。

（取引主任者証の有効期間の更新）

第14条の16　取引主任者証の有効期間の更新の申請は、新たな取引主任者証の交付を申請することにより行うものとする。

2　第14条の10第1項、第2項及び第4項の規定は、前項の交付申請について準用する。

3　第1項の新たな取引主任者証の交付は、当該取引主任者が現に有する取引主任者証と引換えに行うものとする。

（講習の指定）

第14条の17　法第22条の2第2項（法第22条の3第2項において準用する場合を含む。）の規定により都道府県知事が指定する講習は、次の各号のすべてに該当するもの又は当該都道府県知事の実施するものでなければならない。

一　公益法人で、講習を行うのに必要かつ適切な組織及び能力を有すると都道府県知事が認める者が実施する講習であること。

二　正当な理由なく受講を制限する講習でないこと。

三　国土交通大臣が定める講習の実施要領に従つて実施される講習であること。

（営業保証金又は弁済業務保証金に充てることができる有価証券の価額）

第15条　法第25条第3項（法第26条第2項、第28条第3項、第29条第2項、第64条の7第3項及び第64条の8第4項において準用する場合を含む。）の規定により有価証券を営業保証金又は弁済業務保証金に充てる場合における当該有価証券の価額は、次の各号に掲げる有価証券の区分に従い、それぞれ当該各号に定めるところによる。

一　国債証券については、その額面金額

二　地方債証券又は政府がその債務について保証契約をした債券については、その額面金額の100分の90

三　前各号以外の債券については、その額面金額の100分の80

2　割引の方法により発行した債券で供託の日から償還期限までの期間が5年をこえるものについては、前項の規定の適用については、その発行価額に別記算式により算出した額を加えた額を額面金額とみなす。

（営業保証金又は弁済業務保証金に充てることができる有価証券）

第15条の2　法第25条第3項（法第26条第2項、第28条第3項、第29条第2項、第64条の7第3項及び第64条の8第4項において準用する場合を含む。）に規定する国土交通省令で定める有価証券は、次に掲げるものとする。

一　国債証券
二　地方債証券
三　鉄道債券
四　電信電話債券
五　中小企業債券
六　日本政策投資銀行債券
七　公営企業債券
八　都市再生債券
九　東日本高速道路株式会社社債券
十　中日本高速道路株式会社社債券
十一　西日本高速道路株式会社社債券
十二　日本高速道路保有・債務返済機構債券
十三　鉄道建設・運輸施設整備支援機構債券
十四　首都高速道路株式会社社債券
十五　水資源債券
十六　阪神高速道路株式会社社債券
十七　石油資源開発債券
十八　成田国際空港株式会社社債券
十九　本州四国連絡高速道路株式会社社債券
二十　中小企業基盤整備債券
二十一　電源開発株式会社社債券
二十二　日本航空株式会社社債券
二十三　日本航空機製造株式会社社債券
二十四　東北開発債券
二十五　放送債券
二十六　交通債券
二十七　商工債券
二十八　農林債券
二十九　長期信用銀行法（昭和27年法律第187号）第8条に規定する債券
三十　金融機関の合併及び転換に関する法律（昭和43年法律第86号）第17条の2第1項（同法第24条第1項第七号において準用する場合を含む。）に規定する債券
三十一　金融システム改革のための関係法律の整備等に関する法律（平成10年法律第107号）附則第169条の規定によりなおその効力を有するものとされる同法附則第168条の規定による改正前の金融機関の合併及び転換に関する法律第17条の2第1項に規定する債券
三十二　信金中央金庫債券
三十三　前各号に掲げるもののほか、担保附社債信託法

（明治38年法律第52号）による担保附社債券及び法令により優先弁済を受ける権利を保証されている社債券（自己の社債券及び会社法による特別清算開始の命令を受け、特別清算終結の決定の確定がない会社、破産法（平成16年法律第75号）による破産手続開始の決定を受け、破産手続終結の決定若しくは破産手続廃止の決定の確定がない会社、民事再生法（平成11年法律第225号）による再生手続開始の決定を受け、再生計画認可の決定の確定がない会社又は会社更生法（昭和27年法律第172号）による更生手続開始の決定を受け、更生手続終結の決定若しくは更生手続廃止の決定の確定がない会社が発行した社債券を除く。）

（営業保証金の保管替え等の届出）

第15条の4　宅地建物取引業者は、法第29条第1項の規定により、営業保証金の保管替えがされ、又は営業保証金を新たに供託したときは、遅滞なく、その旨を、供託書正本の写しを添附して、その免許を受けている国土交通大臣又は都道府県知事に届け出るものとする。

（営業保証金の変換の届出）

第15条の4の2　宅地建物取引業者は、営業保証金の変換のため新たに供託したときは、遅滞なく、その旨を、供託書正本の写しを添附して、その免許を受けている国土交通大臣又は都道府県知事に届け出るものとする。

（営業保証金供託済届出書の様式）

第15条の5　法第25条第4項（法第26条第2項において準用する場合を含む。）若しくは第28条第2項の規定による営業保証金を供託した旨の届出、第15条の4の規定による営業保証金の保管替えがされ、若しくは営業保証金を新たに供託した旨の届出又は前条の規定による営業保証金を新たに供託した旨の届出は、別記様式第七号の六による営業保証金供託済届出書により行うものとする。

（標識の掲示等）

第19条　法第50条第1項の国土交通省令で定める業務を行う場所は、次に掲げるもので第6条の2に規定する場所以外のものとする。

一　継続的に業務を行うことができる施設を有する場所で事務所以外のもの

二　宅地建物取引業者が一団の宅地建物の分譲をする場合における当該宅地又は建物の所在する場所

三　前号の分譲を案内所を設置して行う場合にあつては、その案内所

四　他の宅地建物取引業者が行う一団の宅地建物の分譲の代理又は媒介を案内所を設置して行う場合にあつては、その案内所

五　宅地建物取引業者が業務に関し展示会その他これに類する催しを実施する場合にあつては、これらの催しを実施する場所

2　法第50条第1項の規定により宅地建物取引業者が掲げる標識の様式は、次の各号に掲げる場所の区分に応じ、当該各号に掲げる様式とする。

一　事務所　別記様式第九号

二　前項第一号、第三号又は第五号に規定する場所で法第15条第1項の規定により同項に規定する取引主任者を置くべきもの　別記様式第十号

三　前項第一号、第三号又は第五号に規定する場所で前号に規定するもの以外のもの　別記様式第十号の二

四　前項第二号に規定する場所　別記様式第十一号

五　前項第四号に規定する場所で法第15条第1項の規定により同項に規定する取引主任者を置くべきもの　別記様式第十一号の二

六　前項第四号に規定する場所で前号に規定するもの以外のもの　別記様式第十一号の三

3　法第50条第2項の規定による届出をしようとする者は、その業務を開始する日の10日前までに、別記様式第十二号による届出書を提出しなければならない。

（取引一任代理等に係る認可の申請）

第19条の2　法第50条の2第1項の認可を受けようとする者は、次に掲げる事項を記載した認可申請書を国土交通大臣に提出しなければならない。

一　商号

二　免許証番号

三　資本金の額（外国の法令に準拠して設立された法人にあつては、その本邦支店の持込資本金（資本金に対応する資産のうち国内に持ち込むものをいう。）の額とする。次条第一号において同じ。）並びに役員及び重要な使用人（取引一任代理等に係る業務を行う事務所の業務を統括する者及びこれに準ずる者、取引一任代理等に係る業務の用に供する目的で宅地若しくは建物の価値の分析又は当該分析に基づく投資判断を行う者並びに投資判断並びに宅地又は建物の売買、交換、貸借及び管理に係る各判断に関する業務を統括する者及びこれに準ずる者をいう。以下同じ。）の氏名

四　取引一任代理等に係る業務を行う事務所の名称及び所在地

五　取引一任代理等に係る業務の方法

六　認可を申請しようとする法人の発行済株式総数の100分の五以上の株式を有する株主又は出資の額の100分の五以上の額に相当する出資をしている者の氏名又は名称、住所及びその有する株式の数又はその者のなした出資の金額

七　認可を申請しようとする法人の役員が、他の会社の常務に従事し、又は事業を営んでいるときは、当該役員の氏名並びに当該他の会社の商号及び業務の種類又は当該事業の種類

2　前項の認可申請書には、次に掲げる書類を添えなければならない。

一　役員及び重要な使用人が、成年被後見人及び被保佐人に該当しない旨の後見等登記事項証明書又はこれに代わる書面

二　役員及び重要な使用人が、民法の一部を改正する法律附則第3条第1項及び第2項の規定により成年被後見人及び被保佐人とみなされる者並びに破産者で復権を得ないものに該当しない旨の市町村の長の証明書又はこれに代わる書面

三　役員及び重要な使用人が、法第五条第一項各号に該当しないことを誓約する書面

四　役員及び重要な使用人の略歴を記載した書面

五　定款及び登記事項証明書又はこれに代わる書面

六　直前1年の各事業年度の貸借対照表、損益計算書及び株主資本等変動計算書

七　今後3年間（業務の開始を予定する日の属する事業年度及び当該事業年度の翌事業年度から起算して三事業年度をいう。以下同じ。）における当該業務の収支の見込みを記載した書面

八　今後3年間の純資産額（資産総額から負債総額を減じた金額をいう。以下同じ。）の見込みを記載した書面

九　今後3年間の取引一任代理等に係る契約に係る契約資産額の見込みを記載した書面

十　取引一任代理等に係る業務に関する管理体制の整備状況を記載した書面

十一　取引一任代理等に係る業務に関する苦情処理体制の整備状況を記載した書面

3　国土交通大臣は、法第50条の2第1項の認可を受けようとする者の役員及び重要な使用人に係る本人確認情報について、住民基本台帳法第30条の7第3項の規定によるその提供を受けることができないときは、法第50条の2第1項の認可を受けようとする者に対し、住民票の抄本又はこれに代わる書面を提出させることができる。

4　第1項に規定する認可申請書の様式は、別記様式第十二号の二によるものとし、第2項第三号及び第四号並びに第七号から第十一号までに掲げる添付書類の様式は、別記様式第十二号の三によるものとする。

（認可の具体的基準）

第19条の2の2　国土交通大臣は、法第50条の2第1項の規定による認可の申請が法第50条の2の3第1項に掲げる基準に該当するかどうかを審査するに当たつては、次の各号のいずれかに該当するかどうかを審査しなければならない。

一　法第50条の2の3第1項第一号に掲げる基準については、資本金の額が5,000万円以上の株式会社（外国の法令に準拠して設立された株式会社と同種類の法人で国内に営業所を有するものを含む。）でないこと。

二　法第50条の2の3第1項第二号に掲げる基準については、次のイ又はロのいずれかを満たしていないこと。

イ　今後3年間の純資産額が、5,000万円を下回らない水準に維持されると見込まれること。

ロ　取引一任代理等に係る業務の収支の見込みが、今後3年間に黒字になると見込まれること。

三　法第50条の2の3第1項第三号に掲げる基準として次のイからへのいずれかを満たしていないこと。

イ　取引一任代理等に係る業務を公正かつ的確に遂行できる経営体制であり、かつ、経営方針も健全なものであること。

ロ　役員のうちに、経歴及び業務遂行上の能力等に照らして認可宅地建物取引業者としての業務運営に不適切な資質を有する者がいないこと。

ハ　重要な使用人のうちに、大規模な投資判断又は宅地若しくは建物の売買、交換、貸借及び管理に係る各判断に関する業務を的確に遂行することができる知識及び経験を有する者が含まれていること。

ニ　管理部門（法令その他の規則の遵守状況を管理し、その遵守を指導する部門をいう。）の責任者が定められ、法令その他の規則が遵守される体制が整つていること。

ホ　管理部門の責任者と取引一任代理等に係る業務に係る部門の担当者又はその責任者が兼任していないこと。

ヘ　顧客からの資産運用状況の照会に、短時間に回答できる体制となつていること等取引一任代理等に係る業務について管理体制が整備されていること。

（処分した旨の通知）

第27条　国土交通大臣は、法第65条第1項若しくは第2項、第66条、第67条第1項又は第67条の2第1項若しくは第2項の規定による処分をしたときは、遅滞なく、その旨を、宅地建物取引業者の事務所の所在地を管轄する都道府県知事に通知するものとする。

2　都道府県知事は、法第3条第2項の有効期間が満了した場合において認可宅地建物取引業者の免許の更新がな

されなかつたとき、法第11条第2項の規定により認可宅地建物取引業者の免許が効力を失つたとき、又は認可宅地建物取引業者が同条第1項第2号に該当したとき、若しくは法第25条第7項、第66条若しくは第67条第1項の規定により認可宅地建物取引業者の免許を取り消したときは、遅滞なく、その旨を国土交通大臣に通知するものとする。

（監督処分の公告）

第29条 法第70条第1項の規定による公告は、国土交通大臣の処分に係るものにあつては官報により、都道府県知事の処分に係るものにあつては当該都道府県の公報によるものとする。

（信託会社等の届出）

第31条 法第77条第3項又は令第9条第3項の規定による届出は、次の各号に掲げる事項（法第77条第3項の規定による届出にあっては第五号に掲げる事項を除く。）を記載した届出書により行うものとする。

一　商号

二　役員の氏名及び住所並びに令第2条の2で定める使用人があるときは、その者の氏名及び住所

三　事務所の名称及び所在地

四　前号の事務所ごとに置かれる法第15条第1項に規定する取引主任者の氏名及び住所（同条第2項の規定により同条第1項の取引主任者とみなされる者にあっては、その氏名）

五　金融機関の信託業務の兼営等に関する法律（昭和18年法律第43号。以下この条において「兼営法」という。）第1条第1項に規定する信託業務のうち宅地建物取引業として行おうとするものの内容

2　前項の届出書には、次に掲げる書類を添付しなければならない。ただし、第三号の書類のうち成年被後見人に該当しない旨の後見等登記事項証明書については、その旨を証明した市町村の長の証明書をもって代えることができる。

一　法第5条第1項各号に該当しないことを誓約する書面

二　事務所について法第15条第1項に規定する要件を備えていることを証する書面

三　届出をしようとする者の役員（相談役及び顧問を含む。次号において同じ。）、令第2条の2で定める使用人及び事務所ごとに置かれる法第15条第1項に規定する取引主任者が、法第5条第1項第一号に規定する成年被後見人及び被保佐人に該当しない旨の登記事項証明書

三の二　届出をしようとする者の役員、令2条の2で定める使用人及び事務所ごとに置かれる法第15条第1項に規定する取引主任者が、民法の一部を改正する法律附則第3条第1項及び第2項の規定により法第5条第1項第一号に規定する成年被後見人及び被保佐人とみなされる者に該当しない旨の市町村の長の証明書並びに同号に規定する破産者で復権を得ないものに該当しない旨の市町村の長の証明書

四　相談役及び顧問の氏名及び住所並びに発行済株式総数の100分の5以上の株式を有する株主の氏名又は名称、住所及びその有する株式の数を記載した書面

五　事務所を使用する権原に関する書面

六　事務所付近の地図及び事務所の写真

七　届出をしようとする者の役員（相談役及び顧問を含む。）、令第2条の2で定める使用人及び事務所ごとに置かれる法第15条第1項に規定する取引主任者の略歴を記載した書面

八　直前3年の各事業年度の貸借対照表及び損益計算書

九　宅地建物取引業に従事する者の名簿

十　法人税の直前3年の各年度における納付すべき額及び納付済額を証する書面

十一　登記事項証明書

十二　信託業務を兼営する金融機関にあつては、兼営法第1条第1項の認可を受けたことを証する書面及び金融機関の信託業務の兼営等に関する法律施行規則（昭和57年大蔵省令第16号）第1条第1項に規定する業務の種類及び方法書

十三　令第9条第1項に規定する特別信託会社にあつては、信託業法（平成16年法律第154号）第3条の免許を受けたことを証する書面及び同法第4条第2項第三号に掲げる業務方法書

（準用）

第31条の2　令第9条第2項の規定により信託業務を兼営する金融機関について法第50条第1項を適用する場合においては、第19条第2項第一号中「別記様式第九号」とあるのは「別記様式第二十七号」と、同項第二号中「別記様式第十号」とあるのは「別記様式第二十八号」と、同項第三号中「別記様式第十号の二」とあるのは「別記様式第二十九号」と、同項第四号中「別記様式第十一号」とあるのは「別記様式第三十号」と読み替えるものとする。

（権限の委任）

第32条　法及びこの省令に規定する国土交通大臣の権限のうち、次に掲げるものは、宅地建物取引業者又は法第3条第1項の免許を受けようとする者の本店又は主たる事務所の所在地を管轄する地方整備局長及び北海道開発局

長に委任する。ただし、第十三号から第十九号まで及び第二十六号に掲げる権限については、国土交通大臣が自ら行うことを妨げない。

一　法第3条第1項の規定による免許をし、及び同条第3項の規定による免許の更新をすること。

二　法第3条の2第1項の規定により免許に条件を付し、及びこれを変更すること。

三　法第4条第1項の規定による免許申請書を受理すること。

四　法第6条の規定により免許証を交付すること。

五　法第8条第1項の規定により宅地建物取引業者名簿を備え、及び同条第2項の規定により国土交通大臣の免許を受けた宅地建物取引業者に関する同項各号に掲げる事項を登載すること。

六　法第9条の規定による届出を受理すること。

七　法第10条の規定により一般の閲覧に供すること。

八　法第11条第1項の規定による届出を受理すること。

九　法第25条第4項（法第26条第2項、法第64条の7第3項、法第64条の15及び法第64条の23において準用する場合を含む。）の規定による届出を受理し、同条第6項の規定により催告をし、及び同条第7項の規定により免許を取り消すこと。

十　法第28条第2項の規定による届出を受理すること。

十一　法第50条第2項の規定による届出を受理すること。

十二　法第64条の4第2項の規定による報告を徴収すること。

十三　法第65条第1項の規定により必要な指示をし、及び同条第2項の規定により業務の全部又は一部の停止を命ずること（認可宅地建物取引業者が行う取引一任代理等についてするものを除く。）。

十四　法第66条第1項及び第2項の規定により免許を取り消すこと。

十五　法第67条第1項の規定により公告し、及び免許を取り消すこと。

十六　法第69条第1項の規定により聴聞を行い、並びに同条第2項において準用する法第16条の15第3項の規定により通知をし、及び公示すること（認可宅地建物取引業者が行う取引一任代理等についてするものを除く。）。

十七　法第70条第1項の規定により公告し、及び同条第3項の規定による報告を徴収すること（認可宅地建物取引業者が行う取引一任代理等についてするものを除く。）。

十八　法第71条の規定により必要な指導、助言及び勧告をすること（認可宅地建物取引業者が行う取引一任代理等についてするものを除く。）。

十九　法第72条第1項の規定により必要な報告を求め、又はその職員に立入検査させ、及び同条第2項の規定により必要な報告を求めること（認可宅地建物取引業者が行う取引一任代理等についてするものを除く。）。

二十　第4条の2第1項及び第4条の3第1項の規定による申請を受理すること。

二十一　第4条の4第1項及び第2項の規定による受納をすること。

二十二　第4条の5の規定により通知すること。

二十三　第5条の4の規定により訂正すること。

二十四　第6条第1項の規定により消却し、及び同条第2項の規定により通知すること。

二十五　第15条の4及び第15条の4の2の規定による届出を受理すること。

二十六　第27条第1項の規定により通知すること（認可宅地建物取引業者が行う取引一任代理等についてするものを除く。）。

2　前項第十三号、第十六号から第十九号まで及び第二十六号に掲げる権限で宅地建物取引業者の支店、従たる事務所又は令第1条の2第二号に規定する事務所（以下本条において「支店等」という。）に関するものについては、前項に規定する地方整備局長及び北海道開発局長のほか、当該支店等の所在地を管轄する地方整備局長及び北海道開発局長も当該権限を行うことができる。

（フレキシブルディスクによる手続）

第33条　申請者又は届出者が、次の各号に掲げる書類の各欄に掲げる事項を様式第二十五号より記録したフレキシブルディスク及び様式第二十六号のフレキシブルディスク提出票（以下「フレキシブルディスク等」という。）により、法の規定による申請又は届出をしたときは、その提出を受けた国土交通大臣又は都道府県知事は、そのフレキシブルディスク等の提出を、次の各号に掲げる書類による申請又は届出に代えて、受理することができる。

一　第1条の免許申請書

二　第4条の2第2項の宅地建物取引業者免許証書換え交付申請書

三　第4条の3第3項の宅地建物取引業者免許証再交付申請書

四　第5条の3第1項の宅地建物取引業者名簿登載事項変更届出書

五　第5条の5の廃業等届出書

2　前項の規定によるフレキシブルディスク等の提出につ

いては、第2条の規定にかかわらず、フレキシブルディスク並びにフレキシブルディスク提出票の正本及びその写し1通を提出することにより行うことができる。

（フレキシブルディスクの構造）

第34条 前条のフレキシブルディスクは、次のいずれかに該当するものでなければならない。

一　工業標準化法（昭和24年法律第185号）に基づく日本工業規格（以下「日本工業規格」という。）X6221（1987）に適合する90ミリメートルフレキシブルディスクカートリッジ

二　日本工業規格X6223（1987）に適合する90ミリメートルフレキシブルディスクカートリッジ

（フレキシブルディスクの記録方式）

第35条 第33条の規定によるフレキシブルディスクへの記録は、次に掲げる方式に従つてしなければならない。

一　トラックフォーマットについては、前条第一号のフレキシブルディスクに記録する場合にあつては日本工業規格X6222（1990）に、同条第二号のフレキシブルディスクに記録する場合にあつては日本工業規格X6225（1990）に規定する方式

二　ボリューム及びファイル構成については、日本工業規格X0605（1990）に規定する方式

三　文字の符号化表現については、日本工業規格X0208（1976）附属書1に規定する方式

2　第33条の規定によるフレキシブルディスクへの記録は、日本工業規格X0201（1969）及びX0208（1976）に規定する図形文字並びに日本工業規格X0211（1986）に規定する制御文字のうち「復帰」及び「改行」を用いてしなければならない。

（フレキシブルディスクにはり付ける書面）

第36条 第33条のフレキシブルディスクには、日本工業規格X6221（1987）又はX6223（1987）に規定するラベル領域に、次に掲げる事項を記載した書面をはり付けなければならない。

一　提出者の氏名又は名称

二　提出年月日

○宅地建物取引業者営業保証金規則〔抄〕

(昭和32年 7月22日)
(法務・建設省令第1号)

最終改正　平成17年2月10日法務省・国土交通省令第1号

（法第28条第1項の日の指定）
第4条　法第28条第1項の省令で定める日は、宅地建物取引業者が前条の規定により通知書の送付を受けた日とする。

（営業保証金の保管替え）
第5条　法第29条第1項の規定により宅地建物取引業者が営業保証金の保管替えを請求するには、供託規則の定めるところによらなければならない。

（営業保証金の取戻し）
第8条　法第30条第1項前段の規定により宅地建物取引業者であつた者又はその承継人（法第76条の規定により宅地建物取引業者とみなされる者を除く。）が営業保証金の取戻しをしようとするには、官報に次の各号に掲げる事項を公告しなければならない。ただし、同条第2項ただし書の規定に該当するときは、この限りでない。

一　当該宅地建物取引業者であつた者についての商号又は名称、氏名（法人にあつては代表者の氏名）及び事務所の所在地

二　当該宅地建物取引業者であつた者の営業保証金の額

三　前号の営業保証金につき法第27条第1項の権利を有する者は、6箇月を下らない一定期間内に、その債権の額、債権発生の原因たる事実並びに住所及び氏名又は名称を記載した申出書2通を当該宅地建物取引業者であつた者が免許を受けていた国土交通大臣又は都道府県知事に提出すべき旨

四　前号の申出書の提出がないときは、第二号の営業保証金が取り戻される旨

2　法第30条第1項後段の規定により宅地建物取引業者が営業保証金の取戻し（法第29条第1項の規定により供託した場合における移転前の主たる事務所のもよりの供託所に供託した営業保証金の取戻しを除く。）をしようとするには、官報に次の各号に掲げる事項を公告しなければならない。ただし、同条第2項ただし書の規定に該当するときは、この限りでない。

一　当該宅地建物取引業者についての商号又は名称、氏名（法人にあつては代表者の氏名）及び事務所の所在地

二　取戻しをしようとする営業保証金の額

三　前号の営業保証金につき法第27条第1項の権利を有する者は、6箇月を下らない一定期間内に、その債権の額、債権発生の原因たる事実並びに住所及び氏名又は名称を記載した申出書2通を当該宅地建物取引業者が免許を受けている国土交通大臣又は都道府県知事に提出すべき旨

四　前号の申出書の提出がないときは、第二号の取戻しをしようとする営業保証金が取り戻される旨

3　営業保証金の取戻しをしようとする者が第1項又は前項の規定により公告をしたときは、遅滞なく、その旨を第1項第三号又は前項第三号に規定する国土交通大臣又は都道府県知事に届け出なければならない。

第9条　前条第3項の規定により届出をした者は、当該公告に定める期間内に、同条第1項第三号又は第2項第三号の申出書の提出がなかつたときは、その旨の証明書の交付を国土交通大臣又は当該都道府県知事に請求することができる。

2　前条第3項の規定により届出をした者は、当該公告に定める期間内に、同条第1項第三号又は第2項第三号の申出書の提出があつたときは、当該申出書各1通及び申出に係る債権の総額に関する証明書の交付を国土交通大臣又は当該都道府県知事に請求することができる。

第10条　第8条第1項又は第2項の公告をした場合において、供託物の取戻しをしようとする者が供託規則第25条第1項の規定により供託物払渡請求書に添付すべき書類は、次の各号に掲げる書類をもつて足りる。

一　前条第1項の場合においては、同項の規定により交付を受けた証明書

二　前条第2項の場合においては、同項の規定により交付を受けた書類及び申出に係る法第27条第1項の権利が存在しないこと又は消滅したことを証する書面

（権限の委任）
第12条　この省令に規定する国土交通大臣の権限は、当該宅地建物取引業者が免許を受けた地方整備局長及び北海道開発局長に委任する。

別記書式（用紙の寸法は、日本工業規格B列4番とする。）

通 知 書					
還 付 金 額					
還 付 有 価 証 券	名　　　　称	枚　　数	総 額 面	券面額、回記号及び番号	
還 付 振 替 国 債	銘　　　　　　　　柄			金　　額	
還 付 年 月 日					
債 権 額					
債権発生の原因たる事実					
供託者の氏名又は名称及び住所					
※供 託 年 月 日					
※供 託 番 号					
※供 託 金 額					
※供 託 有 価 証 券	名　　　　称	枚　　数	総 額 面	券面額、回記号及び番号	
※供 託 振 替 国 債	銘　　　　　　　　柄			金　　額	
供 託 所 名					

上記供託物について頭書のとおり還付を受けたから通知する。
　　　年　月　日
　　　　　　　　　　　　　住　所
　　　　　　　　　　　　　債権者　氏　　　　　名　㊞

　地方整備局長
　北海道開発局長あて
　都道府県知事

奥書の式
　上記のとおり供託物の還付があつたため、貴方の営業保証金に金何円の不足を生じたから、この通知書を受け取つた日から2週間以内に上記不足額を供託されたい。
　　　年　月　日
　　　　　　　　　　　　　　　　　　　　　　　　　　　都道府県知事　㊞
　　　　　　　　　殿

注1　還付有価証券及び供託有価証券の欄には、振替国債を除いたものについて記載すること。
注2　※の付してある欄には、数回の供託に係る供託物につき還付を受ける場合は、それらを連記すること。

○宅地建物取引業保証協会弁済業務保証金規則〔抄〕

(昭和48年5月7日 法務・建設省令第2号)

最終改正　平成17年2月10日法務省・国土交通省令第1号

（法第64条の8第3項の日の指定）
第1条　宅地建物取引業法（以下「法」という。）第64条の8第3項の省令で定める日は、宅地建物取引業保証協会が第4条の規定により通知書の送付を受けた日とする。

（弁済業務保証金の還付）
第2条　法第64条の8第1項の権利の実行のため供託物の還付を受けようとする者は、供託規則（昭和34年法務省令第2号）の定めるところによるほか、別記書式の通知書3通を供託所に提出しなければならない。

2　前項の者が、供託規則第24条第1項第一号の規定により供託物払渡請求書に添付すべき書面は、宅地建物取引業法施行規則（昭和32年建設省令第12号）第26条の7第2項の規定による認証する旨を記載して送付した書面、当該認証に係る宅地建物取引業保証協会の代表者の資格を証する書面及び登記所が作成した当該代表者の印鑑の証明書とする。

第3条　供託所は、供託物を還付したときは、前条第1項の通知書のうち2通を国土交通大臣に送付しなければならない。

第4条　国土交通大臣は、前条の通知書を受けとつたときは、その1通に別記書式の奥書の式による記載をし、これを宅地建物取引業保証協会に送付しなければならない。

別記書式（用紙の寸法は、日本工業規格B列4番とする。）

通　知　書					
還　付　金　額					
還　付　有　価　証　券	名　　称	枚　　数	総　額　面	券面額、回記号及び番号	
還　付　振　替　国　債	銘　　　　　柄			金　額	
還　付　年　月　日					
債　権　額					
債権発生の原因たる事実					
宅地建物取引業保証協会の認　証　書　の　番　号					
※供　託　年　月　日					
※供　託　番　号					
※供　託　金　額					
※供　託　有　価　証　券	名　　称	枚　　数	総　額　面	券面額、回記号及び番号	
※供　託　振　替　国　債	銘　　　　　柄			金　額	
供　託　所　名					
上記供託物について頭書のとおり還付を受けたから通知する。 　　年　月　日 　　　　　　　　住　所 　　　　　　　　債権者　氏　　　　　　　　　名　㊞ 国土交通大臣あて					
奥書の式 　　上記のとおり供託物の還付があつたため、貴協会の弁済業務保証金に金何円の不足を生じたから、この通知書を					

| 受け取つた日から2週間以内に上記不足額を供託されたい。
| 　　年　　月　　日
| 　　　　　　　　　　　　　　　　　　　　　　　　　　　　国 土 交 通 大 臣 ㊞
| 　　　　　　　　　　　　　　　　殿

注1　還付有価証券及び供託有価証券の欄には、振替国債を除いたものについて記載すること。
注2　※の付してある欄には、数回の供託に係る供託物につき還付を受ける場合は、それらを連記すること。

○宅地建物取引業法の一部を改正する法律の施行について

(平成7年4月19日　建設省経動発第53号)
(建設省建設経済局長から都道府県知事あて)

宅地建物取引業法の一部を改正する法律（平成7年法律第67号）及び宅地建物取引業法施行規則の一部を改正する省令（平成7年建設省令第13号）が平成7年4月19日に公布され、同法の一部及び同省令が同日から施行されることとなった。

今回の宅地建物取引業法の改正は、媒介契約制度の充実及び指定流通機構制度の整備、業務に関する禁止事項及び宅地建物取引主任者に対する指示処分の追加、免許の有効期間の延長、一定の届出事項の廃止等の措置を主たる内容とし、宅地及び建物の取引の公正を確保し、購入者等の利益の保護・増進と宅地建物の流通の一層の円滑化を図ることを目的としたものである。このため、これら改正法令の趣旨及び内容については、宅地建物取引業者はもちろん一般国民に対してあらゆる機会をとらえて周知徹底を図るほか、その施行に当たっては、下記の事項に留意の上、遺憾のないよう取り計らわれたい。

記

1　媒介契約制度の充実と指定流通機構の法的位置付けの明確化等について

(1)　媒介契約制度の充実

①　指定流通機構に登録される物件情報を拡大することにより、依頼者の利益の保護・増進及び不動産取引市場の透明性の向上を図る観点から、専任媒介契約を締結した宅地建物取引業者は、契約の相手方を探索するため、目的物である物件に係る一定の情報を建設大臣が指定する者（指定流通機構）に登録しなければならないこととしたこと。

②　また、登録義務の確実な履行の確保を図る観点から、登録した宅地建物取引業者は、依頼者に対し、登録を証する一定の書面を引き渡さなければならないこととしたこと。

③　さらに、当該宅地建物取引業者は、登録に係る物件の売買等の契約が成立したときは、指定流通機構にその旨を通知しなければならないこととすることにより、指定流通機構が保有する情報の的確性を高めることとしたこと。

④　その他登録義務の確実な履行及び指定流通機構の登録情報の拡大に資する観点から、媒介契約が成立したときに、作成することとされている書面に記載すべき事項に「指定流通機構への登録に関する事項」を追加することとしたこと。

(2)　指定流通機構の法的位置付けの明確化

拡大された登録義務の受け皿となる指定流通機構の法的信頼性を高める観点から、その指定は、民法第34条の規定に基づき設立された法人であることその他一定の要件を満たす者について建設大臣が行うこととすること等により、機構の法的位置付けの明確化を図ることとしたこと。

(3)　指定流通機構に対する監督措置の拡充

指定流通機構は、登録業務の実施方法、料金等に関する登録業務規程を定め、建設大臣の認可を受けなければならないこととしたほか、機構の利用者である宅地建物取引業者に対する不当な差別的取扱いの禁止、登録業務の休廃止についての建設大臣への届出義務等所要の監督規定を整備し、機構の適正な業務遂行の確保を図ることとしたこと。

(4)　施行期日

以上の改正規定については、依頼者及び宅地建物取引業者の契約関係に変更を加えるものであるため、双方に対する十分な周知徹底を図ることが必要であること及び流通機構の整備を前提として施行されなければならないものであることにかんがみ、それらの施行までに公布の日から2年間の周知期間を置くこととしていること。ただし、これら改正規定の円滑な施行を確保するため、建設大臣による指定に関し必要な手続その他の行為は、改正規定の施行前においてもすることができることとしたこと。

2　重要事項説明制度の充実・合理化について

重要事項として契約成立前に説明すべき事項のうち、法令に基づく制限に関する事項等一定の事項については、契約内容の別（当該契約の目的物が宅地であるか又は建物であるかの別及び当該契約が売買等の契約であるか又は貸借の契約であるかの別をいう。）に応じて契約成立前に説明すべき事項を政令又は省令で定めることができるようにすることとしたこと。この改正規定については、最近における貸借媒介等の契約の増大に伴い、消

費者保護を図りつつ業者の負担の軽減を図る観点から、専ら貸借の契約の場合について、政省令で省略・追加することができるようにすることがその趣旨であり、今後これらの政省令の整備を行い、公布の日から1年以内の政令で定める日から施行することとしていること。

3 免許の有効期間の延長等負担の軽減について
(1) 宅地建物取引業に係る免許の有効期間の延長
　負担の軽減を図るとともに、普段の指導監督の充実を図る観点から、宅地建物取引業に係る免許の有効期間を3年から5年に延長する一方、免許に条件を付することができることとしたこと。
(2) 免許申請書及び変更の届出の簡素化等
　① 免許申請書の記載事項及び宅地建物取引業者名簿の登載事項から役員、個人、政令使用人及び専任の取引主任者の住所を削除することとし、これにより、変更届けの対象事項からもそれらの者の住所が削除されることとなったこと。
　② また、変更届けの提出期限を2週間から30日に延長することとした。
　③ なお、衆議院建設委員会の附帯決議において、消費者の保護の観点から変更届けの励行を指導することが求められており、その趣旨も十分踏まえ、宅地建物取引業者に対し、これら改正趣旨の周知徹底を図り、当該届出制度についてより一層的確な運用が図られるよう十分指導すること。
(3) 契約締結等を予定しない案内所の開設についての届出の廃止
　宅地建物取引業法第50条第2項の規定により開設する際の届出が必要とされている事務所等以外の場所（契約締結等を予定せず、専任の取引主任者の設置義務のない場所）については、その届出を廃止することとしたので、宅地建物取引業者に対し、その周知徹底を行うとともに、消費者保護の観点から引き続き所要の標識の掲示を行うよう十分指導すること。
(4) その他試験事務を指定試験機関へ委任した場合及び委任を撤回した場合に都道府県知事が行うこととされていた建設大臣への報告を廃止することとした。
(5) 施行期日等
　(2)、(3)及び(4)の改正規定については、公布の日から施行することとし、併せて免許申請書等の様式の変更を行うための宅地建物取引業法施行規則の一部を改正する省令が同日付けで公布されたので留意されたいこと。
　また、(1)の改正規定については、公布の日から1年以内の政令で定める日から施行することとしていること。

4 業務の適正な遂行の確保について
(1) 宅地建物取引業の免許等の基準（欠格事由）の強化
　宅地建物取引業の免許、取引主任者の登録の基準等として新たに暴力団員による不当な行為の防止等に関する法律に違反し、罰金の刑に処せられた場合を追加することとしたので、免許及び登録に当たっては厳正な審査に努めること。
(2) 業務に関する規則・監督の充実
　① 最近における宅地建物取引の実情等にかんがみ、宅地建物取引業者、その代理人、使用人その他の従業者の業務に関する禁止事項として宅地建物取引業に係る契約の締結をさせ、又はその解除等を妨げるため相手方を威迫する行為等を追加することとしたこと。
　② 取引主任者に対する指導監督の動機性の向上を図る観点から、都道府県知事の監督処分として指示処分を追加することとしたこと。
　③ これらの的確な運用を図るため、その具体的な運用のあり方については、追って通知することとしていること。
(3) 宅地建物取引主任者資格試験の改善
　① 宅地建物取引業に携わる者の資質向上を図る観点から、適切な講習の受講者を拡大するため、建設大臣が指定する者が行う講習を受講した者については、試験の一部を免除する措置を導入することとしたこと。
　② また、併せて受験資格については、その今日的意義を勘案し、廃止することとしたこと。
(4) 施行期日
　以上の改正規定については、公布の日から1年以内の政令で定める日から施行することとしていること。

○宅地建物取引業法の一部を改正する法律及び宅地建物取引業法施行規則の一部を改正する省令の施行について

（平成7年4月19日　建設省経動発第54号
建設省建設経済局不動産業課長から各都道府県主管部長あて）

標記については、「宅地建物取引業法の一部を改正する法律の施行について」（平成7年4月19日付け建設省経動発第53号建設省建設経済局長通達）をもってその基本的事項等について通達したところである。

宅地建物取引業法の一部を改正する法律（平成7年法律第67号）は、個々の改正規定の施行期日が区々になっており、段階的に施行されることとなるが、一部の改正規定については、公布日施行とされている。

ついては、当該一部の改正規定の取扱いは下記のとおりであるので、貴職におかれては、これらを踏まえて、法の施行に引き続き遺憾のないようにされるとともに、改正法令の周知方取り計らわれ、法の運用に万全を期されたい。

記

1　免許申請書の様式の変更について

　宅地建物取引業法（以下「法」という。）第4条中、免許申請書の記載事項から役員、個人、政令使用人及び専任の取引主任者の住所を削除したことに伴い、免許申請書の様式から住所欄を削除するとともに、備考についても所要の改正を行ったこと。

2　変更届けの様式の変更について

　法第8条中、宅地建物取引業者名簿の登載事項から役員、個人、政令使用人及び専任の取引主任者の住所を削除し、変更届けの対象事項からもそれらの者の住所を削除したことに伴い、宅地建物取引業者名簿登載事項変更届出書の様式からそれらの者の住所の欄を削除するとともに、備考についても所要の改正を行ったこと。

　なお、法改正の際の衆議院建設委員会の附帯決議において、「変更届けの励行につき、適正な指導を行うこと」とされていることにも十分留意すること。

3　法第50条第2項の規定に基づく届出の様式の変更について

　法第50条第2項中、開設する際の届出が必要とされている事務所等以外の場所（契約の締結又は契約の申込みの受付けを予定せず、専任の取引主任者の設置義務のない場所）についての届出を廃止したことに伴い、届出書様式について所要の改正を行ったこと。

4　経過措置について

　1から3までの様式の変更については、これらが負担軽減措置であることにかんがみ、公布日施行されるが、法の公布日（平成7年4月19日）から3月間は、改正前の様式による申請書及び届出書は、改正後の様式による申請書及び届出書とみなすこととしたので、平成7年7月18日までの間は、改正前の様式で改正後の様式に必要な事項を記載したものを有効な申請書又は届出書として受理して差し支えないこと。

○宅地建物取引業法の一部を改正する法律、宅地建物取引業法施行令の一部を改正する政令及び宅地建物取引業法施行規則の一部を改正する省令の施行について

(平成8年3月5日　建設省経動発第23号)
(建設省建設経済局不動産業課長から　各都道府県主管部長あて)

平成7年4月19日に公布された宅地建物取引業法の一部を改正する法律(平成7年法律第67号。以下「改正法」という。)については、宅地建物取引業法施行令の一部を改正する政令(平成7年政令第402号)及び宅地建物取引業法施行規則の一部を改正する省令(平成8年建設省令第1号)がそれぞれ平成7年12月8日及び本年1月23日に公布され、宅地建物取引業法(以下「法」という。)第34条の2及び第5章に関する改正規定(媒介契約及び指定流通機構に関する改正規定)以外のほとんどの規定は、本年4月1日から施行されることとなったところである。改正法に関する基本的事項については、「宅地建物取引業法の一部を改正する法律の施行について」(建設省経動発第53号)をもって通達したところであるが、その具体的運用に当たって留意すべき事項等は下記のとおりであるので、遺憾のないように取り計らわれたい。

また、改正法による改正規定のうち媒介契約及び指定流通機構に関するものについては、平成9年4月19日から施行することとされており、今後、改正法の附則第2項の規定に基づく指定流通機構の指定手続きの時期を勘案して適切な時期に宅地建物取引業法施行規則の一部改正等を予定しているので、念のため申し添える。

記

第1　免許の有効期間の延長等について

(1) 免許の有効期間の延長(法第3条関係)

平成8年4月1日以降に、新規の免許申請を行った者(法第7条の規定に基づく免許換えの申請を行う者を含む。以下同じ。)に対する免許及び従前免許の有効期間が満了する者で更新の申請を行ったものが新たに受ける免許の有効期間は、5年とすることとしたものであり、従前免許の有効期間が自動的に5年となるものではないこと。すなわち、平成8年3月31日までに新規の免許申請を行った者又は従前免許の有効期間が平成8年3月31日以前に満了する者で更新の申請を行ったものが受ける免許については、免許をする日が同年4月1日以降であったとしても従前どおり3年の有効期間である。

(2) 免許の有効期間の延長に伴う改正

免許の有効期間が3年から5年に延長されたことに伴い、宅地建物取引業法施行規則(以下「規則」という。)の一部改正を以下のとおり行った。

イ　免許申請書の添付書類の様式の一部改正(規則別記様式第2号関係)

宅地建物取引業経歴書(添付書類(1))の様式については、事業実績を記入する欄を従前の3年間から5年間のものへ改めるとともに、売買・交換の欄を一にまとめ、それぞれ上段と下段に分けて記入させることとしたものであること。

なお、本様式の改正には、改正法の施行日から3月間(平成8年6月30日までの間)は、改正前の様式のもので差し支えないものとする経過措置を設けたものであること。

ロ　事務所に備える帳簿の保存期間の延長(規則第18条関係)

法第49条に規定する帳簿の保存期間については、従前の3年から5年に改めるものであること。

なお、本改正は、免許の有効期間が5年である宅地建物取引業者について適用するものであり、免許の有効期間が従前どおり3年である者については、帳簿の保存期間についても従前どおり3年のままであること。

(3) 免許に付す条件等(法第3条の2及び第66条第2項関係)

免許の条件は、宅地建物取引業の適正な運営並びに宅地及び建物の取引の公正を確保することを目的として、免許の効果に制限を加えるものである。したがって、付することができる条件はこうした目的に照らして一定の制約があり、どのような場合にどのような条件を付するかは、次の例を参考に、個々具体的の事例に即して判断すること。

イ　免許換え又は更新により免許を受ける者のうち、

宅地建物取引業に係る取引実績が乏しい者に対し、「免許直後1年の事業年度における宅地建物取引業の取引の状況に関する報告書を当該事業年度の終了後に提出すること」を条件として付する。

ロ　免許の更新に当たって、従前の免許の有効期間中に役員等が暴力団の構成員となった事実がある者に対して、「暴力団の構成員を役員等としないこと」を条件として付する。

また、付した条件の履行を確保する観点から、当該条件に違反した者については、免許権者は法第66条第2項の規定に基づきその免許を取り消すことができることとされているものであること。

なお、免許条件の規定の適用については、平成8年4月1日以降に免許する場合にあっては、有効期間が3年の免許又は5年の免許にかかわらず、免許に条件を付すことができるものであるので留意されたい。

第2　重要事項説明制度の改正について

最近における貸借の代理・媒介業務の増加等を踏まえつつ、重要事項説明制度の簡素化・合理化を図る観点から、宅地・建物の賃借人が直接制限等を受ける立場にない事項を説明事項から除外する一方、売買・交換の契約と異なり継続的な契約関係である貸借の契約に固有の事項を追加することとしたものである。

また、重要事項説明時に取引主任者が相手方に交付することとされている書面については、昭和63年11月21日付建設省経動発第89号不動産業課長通達等により従前からその標準的な様式を示しているところであるが、今回の法令改正に対応する新たなものを別添様式のとおり作成したので、参考として指導すること。

(1)　法令に基づく制限（法第35条第1項第2号関係）

法令に基づく制限に係る事項については、改正法により契約内容の別（契約の目的物が宅地であるか建物であるかの別又は契約が売買・交換であるか貸借であるかの別）に応じて説明すべき事項を定めることとされたことを受け、宅地建物取引業法施行令（以下「令」という。）第3条を改正し、次の3つに区分し、それぞれ説明すべき法令制限を定めることとしたものであること。

イ　宅地又は建物の貸借の契約以外の契約（令第3条第1項）

土地又は建物の所有者に適用される制限を規定するものとする。すなわち、従前どおり都市計画法、建築基準法等に基づく建築制限、所有権等の譲渡制限等改正前の令第3条に規定されている制限をそのまま説明事項とするものであること。

ロ　宅地の貸借の契約（令第3条第2項）

イの制限のうち土地の所有者に限って適用されるもの以外のものを規定するものとする。すなわち、土地の所有者に対する一定の建築義務及び利用制限（新住宅市街地開発法第31条、新都市基盤整備法第50条、流通業務市街地の整備に関する法律第37条第1項）並びに土地の所有者に対する所有権の譲渡制限（都市計画法第52条の3第2項及び第4項、第57条第2項及び第4項、第67条第1項及び第3項、公有地の拡大の推進に関する法律第4条第1項及び第8条並びに文化財保護法第46条第1項及び第5項）を除いたものを説明事項とするものであること。

ハ　建物の貸借の契約（令第3条第3項）

イの制限のうち建物の賃借人にも適用される制限を規定する。すなわち、建物の賃借権の設定・移転に関する制限（新住宅市街地開発法第32条第1項、新都市基盤整備法第51条第1項、流通業務市街地の整備に関する法律第38条第1項及び農地法第73条第1項）のみを説明事項とすることとしたものであること。

(2)　私道負担に関する事項（法第35条第1項第3号関係）

私道負担については、当該負担が直接には敷地の所有者・賃借人に対する制限であって、建物の賃借人は直接制限等を受ける立場にないことから、建物の貸借の契約の場合においては、説明事項から除外することとしたものであること。

(3)　区分所有建物に固有の事項（法第35条第1項第5号の2関係）

イ　専有部分の利用制限に関する規約（規則第16条の2第3号）

区分所有建物を契約の目的物とする場合の説明事項については、新たに「専有部分の用途その他の利用の制限に関する規約の定め」を追加することとした。これには、例えば、居住用に限り事業用としての利用の禁止、フローリング工事、ペット飼育、ピアノ使用等の禁止又は制限に関する規約上の定めが該当する。

なお、ここでいう規約には、新規分譲等の場合に買主に示されるものが規約の案であることを考慮して、その案も含むこととされている。また、専有部分の利用制限について規約の細則等において定められた場合においても、その名称の如何にかかわらず、規約の一部と認められるものを含めて説明事項としたものであること。

また、当該規約の定めが長文にわたる場合においては、重要事項説明書にはその要点を記載すれば足りるものであること（要点の記載に代えて、規約等の写しを添付することとしても差し支えないものであるが、該当箇所を明示する等により相手方に理解がなされるよう配慮すること。）。
　ロ　貸借の契約の場合における取扱い
　　　区分所有建物の貸借の契約においては、取引の実情等を踏まえて簡素化を図るため、規則第16条の2第3号及び第7号のみとし、同条第1号、第2号及び第4号から第6号までに掲げる事項を説明事項から除外したものであること。
(4)　法第35条第1項第12号の省令事項（規則第16条の4の2関係）
　　改正法により新たに追加された法第35条第1項第12号に規定する省令事項については、宅地又は建物の貸借の契約を巡る最近におけるトラブルの実態等にかんがみ、建物の貸借の契約にあっては次のイからホまでの事項を、宅地の貸借の契約にあってはロからヘまでの事項を貸借の契約固有の事項として追加することとしたものである。
　イ　浴室、便所等建物の設備の整備の状況（第1号関係）
　　　建物の貸借の契約の場合においては、浴室、便所、台所等建物の設備の有無、型式、使用の可否等日常生活に通常使用する設備の整備の状況を説明事項として追加することとしたものである。例えば、ユニットバス等の型式、エアコンの使用の可否が該当する。また、第1号に掲げた設備は、専ら居住用の建物を念頭に置いた例示であるので、事業用の建物（オフィス、店舗等）にあっては、空調設備等事業用の建物に固有の事項のうち、事業の業種、取引の実情等を勘案し重要なものについて説明すべきものであること。
　　　なお、本号において、売買の契約においては説明事項とされていない事項を特に建物の貸借の契約において説明事項としたことについては、建物の賃借人が基本的に建物の設備を増築・改築する立場にないことから、十分な説明のないまま入居後トラブルとなる事例が多いことなどの実態を考慮したものである。
　ロ　契約期間及び契約の更新に関する事項（第2号関係）
　　　貸借の契約の基本的事項として契約期間及び契約の更新に関する事項を追加したものである。例えば、契約の始期及び終期、2年毎に更新を行うこと、期限付建物賃貸借契約等の場合において契約の更新がないこととする旨、更新時の賃料の改定方法等が該当するものであること。また、こうした定めがない場合は、その旨の説明を行う必要があるものであること。
　ハ　用途その他の利用の制限に関する事項（第3号関係）
　　　宅地又は建物を貸借するに当たっての用途その他の利用の制限に関する事項を追加したものである。例えば、居住用に限り事業用としての利用の禁止等の制限、事業用の業種の制限のほか、ペット飼育の禁止、ピアノ使用の禁止等の利用の制限が該当する。なお、増改築の禁止、内装工事の禁止等賃借人の権限に本来属しないことによる制限については、第3号に係る事項には含まないものであること。
　ニ　金銭の契約終了時の精算に関する事項（第4号関係）
　　　敷金、保証金等契約終了時に精算することとされている金銭の精算に関する事項を追加したものである。例えば、賃料等の滞納分との相殺や一定の範囲の原状回復費用として敷金が充当される予定の有無、原状回復義務の範囲として定まっているものなどが該当する。
　　　なお、本事項は、貸借の契約の締結に際して予め定まっている事項を説明すべき事項としたものであり、こうした事項が定まっていない場合にはその旨を説明する必要がある。
　ホ　管理委託を受けた者の氏名・住所（第5号関係）
　　　最近においては、分譲マンションの管理だけでなくアパート等の賃貸においても賃料の収受等建物の管理を委託する場合が見受けられるところ、区分所有建物の場合と同様、管理者の氏名・住所を追加したものであること。
　　　なお、ここでいう管理者には、単純な清掃等建物の物理的な維持行為のみを委託されている者までも含む趣旨ではない。
　ヘ　契約終了時における建物の取壊しに関する事項（第6号関係）
　　　主に一般定期借地権を念頭において追加することとした事項である。例えば、50年後に更地にして返還する条件がある場合にあっては、その内容が該当するものであること。
第3　業務の適正な遂行の確保について
(1)　免許基準等の強化（法第5条、第18条等関係）

宅地建物取引業に関して暴力団の介入を排除するための措置を一層強化する観点から、宅地建物取引業の免許、取引主任者登録等の基準（欠格事由）に、暴力団員による不当な行為の防止等に関する法律（平成3年法律第77号）の規定（同法第31条第7項の規定を除く。）に違反したことにより、罰金の刑に処せられ、その刑の執行を終わり、又は執行を受けることがなくなった日から5年を経過しない者でないことを追加したものであること。

　また、当該基準を満たさない者については、免許の取消し又は登録の消除等の監督処分の対象となるものであること。

　なお、当該基準の施行については、新規の免許申請を行った者又は登録の申請を行った者にあっては平成8年4月1日以降申請をした者について適用し、免許の更新の申請をした者にあっては従前免許の有効期間の満了日が同年4月1日以降である者について適用するものであること。

(2) 業務に関する禁止事項の追加（法第47条の2関係）

　宅地建物取引業に従事する者による過度なセールストークを原因として発生しているトラブルが多く見られる実態にかんがみ、法第47条に規定する宅地建物取引業者の業務に関する禁止事項に加えて、宅地建物取引業者のほかその従業者の業務に関する禁止事項を追加することとしたものである。なお、本規定に違反する場合は、指示処分、業務停止等の監督処分の対象とされており、法第47条の禁止規定と異なり、直接罰則の適用はないものであること。

イ　将来利益に関する断定的判断の提供の禁止（第1項関係）

　宅地建物取引業に係る契約の締結の勧誘に際し、物件の値上がりが確実であるから将来の転売によって必ず一定の利益が生じるなど将来利益を断定的に提供することの禁止である。例えば、「2〜3年後には、物件価格の上昇が確実である」と告げることにより勧誘する場合が該当する。

　なお、本規定は、法第47条第1号に掲げる重要な事項について故意に不実のことを告げる行為と異なり、故意であることは要求していない。

ロ　威迫行為の禁止（第2項関係）

　契約を締結させるため、又は契約の解除若しくは申込みの撤回を妨げるため、相手方を威迫する行為の禁止である。ここでいう相手方を威迫する行為とは、脅迫とは異なり、相手方に恐怖心を生じさせる程度のものは要しないが、相手方に不安の念を抱かせる行為であって、刑法事犯に当たらないような巧妙かつ悪質な地上げ行為等を想定したものであること。

ハ　その他建設省令で定める行為の禁止（第3項関係）

① 契約締結の勧誘に関する以下の行為の禁止（規則第16条の7第1号関係）

　a　将来の環境、交通等の状況に係る断定的判断の提供（イ関係）

　　将来の環境、交通その他の利便の状況について相手方を誤解させるべき断定的判断の提供の禁止である。例えば、「将来南側に5階建て以上の建物が建つ予定は全くない」、「○○の位置には、国道が2〜3年後に必ず開通する」というような判断を断定的に提供することを禁ずるものである。

　　なお、本規定は、イと同様、法第47条第1号に掲げる重要な事項について故意に不実のことを告げる行為と異なり、故意であることは要求していない。

　b　契約の締結を不当に急がせる行為（ロ関係）

　　正当な理由なく、契約締結の判断に通常必要と認められる時間を与えることを拒否することにより、契約の締結を不当に急がせる行為の禁止である。例えば、契約の相手方が「契約の締結をするかどうかしばらく考えさせてほしい」と申し出た場合において、事実を歪めて「明日では契約締結はできなくなるので、今日しか待てない」と告げることが該当する。

　c　電話による長時間の勧誘等により相手方を困惑させる行為（ハ関係）

　　電話による長時間の勧誘をすること、社会通念上相手方が迷惑するような不適当な時間帯に電話等により勧誘すること、相手方が契約を締結する意思がないことを明らかにしている場合において執拗に勧誘を行うこと等電話、ファックス等の方法を問わず私生活又は業務の平穏を害することにより相手方を困惑させる行為を禁止するものであること。

② 預り金の返還の拒否の禁止（規則第16条の7第2号関係）

　相手方が契約の申込みを撤回しようとする場合において、契約の申込み時に宅地建物取引業者が受領していた申込証拠金その他の預り金について、返還を拒むことの禁止である。例えば、「預

り金は手付となっており、返還できない。」というように手付として授受していないのに手付だと主張して返還を拒むことを禁ずるものであり、預り金は、いかなる理由があっても一旦返還すべきであるという趣旨である。

③ 手付放棄による契約解除の申出の拒否の禁止（規則第16条の7第3号関係）

宅地建物取引業者が自ら売主である場合等いわゆる解約手付の性格を有するものとして手付の授受を行った場合において、既に履行に着手している場合等の正当な理由なく、手付放棄による解除を拒むこと等の禁止である。

例えば、履行着手がないにもかかわらず、「手付放棄による解除はもうできないので、違約金（損害賠償金）を支払え」という場合が該当する。

正当な理由については、基本的には、業者が代理・媒介業務を行う場合において解約手付としての性格がないものとして手付（いわゆる違約手付、証約手付等）を授受した場合や既に履行に着手した場合等が該当すると考えられる。また、履行に着手したといえるかどうかの判断については、個別具体の事例に即して判断することが必要であり、その際には手付放棄による解除に係る各種の判例等を参考とされたい。

第4 取引主任者に対する指示処分の追加について
(1) 指示処分の追加（法第68条関係）

法第68条第1項又は第68条の2第1項に掲げる取引主任者として不適当な行為があった場合において、従来から都道府県知事が執り得る措置としては、当該取引主任者の事務の禁止又は登録の消除があるが、取引主任者として不適当な行為のうちその情状の比較的軽いものについても、より機動的に必要な処分を行い、適正な業務遂行を求めることができるようにする趣旨から、本処分を追加することとしたものであること。

また、指示処分の実効性を担保する観点から、指示処分に従わない場合においては、取引主任者としてすべき事務の禁止を命ずることができるように措置したものであるほか、指示処分をしようとするときは、他の監督処分と同様、聴聞手続をすることが必要である。

なお、指示処分の対象となる取引主任者として不適当な行為は、平成8年4月1日以降のものであって、それ以前に行われた行為は対象とならないものであること。

(2) 指示処分の記載（規則第14条の9関係）

取引主任者に対する事務禁止処分については、従前から取引主任者資格登録簿の記載事項とされてきたが、今回追加した指示処分についても、同様に同登録簿の記載事項とするものであること。なお、指示処分の追加により、規則第14条の9の見出し中「懲戒処分」を「監督処分」と改めて表現を適正化した。

第5 宅地建物取引主任者資格試験について
(1) 受験資格の廃止（法第16条第3項関係）

宅地建物取引主任者資格試験（以下「試験」という。）の受験資格については、取引主任者の資質向上を目的として昭和39年の法改正により導入されたものであるが、最近における高等学校卒業率の高さにかんがみ、特にこれを設ける今日的意義が著しく小さくなっていると考えられることから、廃止することとしたものである。したがって、平成8年度の試験から受験資格は不要となるものであり、各都道府県の公報等の活用も図り、その旨の周知を図ることが望ましい。

(2) 試験の一部免除措置
イ 建設大臣の指定する者が行う講習の方法（規則第10条の2）

建設大臣が指定する者（以下「指定講習機関」という。）が行う講習は、宅地建物取引業に従事する者に対し、宅地建物取引業に関する実用的な知識はもとより、宅地建物取引業に係る紛争を防止するために必要な知識その他の宅地建物取引業に従事する者の資質向上を図るための知識について行うこととしたものであること。

ロ 講習の修了試験（規則第10条の3）

試験の一部免除の要件となる講習の修了には、一定水準以上の宅地建物取引業に関する知識を有するかどうかを判定するため、指定講習機関は、講習を受けた者に対し、修了試験を行うこととしたものであること。

ハ 講習修了者証の交付（規則第10条の4）

指定講習機関は、講習を受け、かつ、修了試験に合格した者の申請により、講習修了者証を交付することとした。これは、試験の一部免除者であるかどうか識別するための証として交付する必要があることを考慮したものである。

ニ 試験の一部免除（規則第10条の5）

講習修了者証の交付を受けた者は、修了試験合格の日から3年以内に行われることとなる試験（修了試験合格後直近3回の試験）について、規則第8条第1号（土地の形質・建物の構造関係）及び第5号

（宅地建物の需給関係）に掲げる事項を免除することとしたものである。免除する事項は、宅地建物取引業に従事する者にとって実務に最も関わりの深い、実践的事項に関連する分野であって受講によって相当程度の水準に達することができるものに限定したものである。

 ホ 指定講習機関の指定等（規則第10条の6～第10条の9）

  宅地建物取引業の健全な発達を図ることを目的として設立された公益法人であること等一定の要件に適合する者について、その申請により指定を行うこととするほか、所要の監督規定を整備することとしたものである。

第6 その他

(1) 標識の様式

  改正法においては、規制の見直しを図るとともに一層の消費者保護に資する観点から、法第50条第2項に基づく案内所についての届出を一部廃止することとした一方で、届出事項とされていた案内所等における取扱物件その他の業務内容を標識中の記載事項に追加することとし、規則別記様式第10号から第11号の3までの標識について改正を行った。

  なお、平成8年4月1日時点において現に掲げられている改正前の規則別記様式第10号から第11号の3までによる標識については、3月間（平成8年6月30日までの間）は、それぞれ改正後の様式による標識とみなすこととされたので、その間は新しい様式に変更する必要はないものであるが、平成8年4月1日以降において新たに案内所等を設置する場合にあっては、新しい様式による標識とする必要があること。

(2) 免許申請書添付書類の簡素化

  宅地建物取引業に係る規制の見直しを図るとともに、普段の指導監督の充実を図る観点から、免許申請書の添付書類のうち、財務諸表（貸借対照表及び損益計算書）及び納税証明書については、直前3年のものを添付することとされていたが、直前1年のものを添付することで足りるものとした。

  なお、本規定は、平成8年4月1日以降において申請のあった免許申請書の添付書類から適用があるものであること。

（別添様式 略）

○宅地建物取引業法施行規則の一部を改正する省令の施行等について

(平成9年12月22日　建設省経動発第128号)
(建設省建設経済局不動産業課長から各都道府県主管部長あて)

　許可等の有効期間の延長に関する法律（平成9年法律第105号。以下「改正法」という。）による宅地建物取引業法（以下「法」という。）の一部改正（宅地建物取引主任者証（以下「取引主任者証」という。）の有効期間の延長）については、平成9年11月21日に公布され、同年12月21日から施行されたところである。また、宅地建物取引業法施行規則の一部を改正する省令（平成9年建設省令第22号。以下「改正省令」という。）については、同月22日に公布され、原則として、同日から施行されたところである。改正法及び改正省令の具体的運用に当たって留意すべき事項等は下記のとおりであるので、宅地建物取引業法施行規則（以下「省令」という。）の施行に引き続き遺憾のないように取り計らわれたい。

記

第1　取引主任者証の様式変更について（省令第14条の10第1項、第14条の11、第14条の13及び別記様式第7号の3関係）

(1) 取引主任者証の大きさの変更

　宅地建物取引業法（以下「法」という。）第35条第3項及び第22条の4の規定に基づき、宅地建物取引主任者（以下「取引主任者」という。）は、重要事項説明を行うとき又は取引の関係者から請求されたときには、取引主任者証を提示する義務があるため、業務を行うに当たって常時取引主任者証を携帯することが必要であることから、取引主任者の負担を軽減し、取引主任者証の携帯性の向上を図るため、取引主任者証の大きさを縮小し、日本工業規格の「磁気ストライプ付きクレジットカード」の大きさに合わせ、幅を持たせたものであること。それに伴い、取引主任者証に貼付する写真の大きさも縮小したものであること。

(2) 取引主任者証の記載事項の変更

　取引主任者は、重要事項説明を行い、重要事項説明書や契約締結後に交付する書面へ記名押印するという非常に重要な業務を担っているが、改正法が施行されたことに伴い、取引主任者証の有効期間が3年から5年に延長されたところである。このため、増加する可能性のある取引主任者の住所変更をより確実に捕捉することを図り、また、宅地又は建物の購入者等が個人の資格である取引主任者の身元を確認できることにより購入者等の利益の保護と宅地及び建物の流通の円滑化を図るため、取引主任者証に住所を記載することとしたものであること。これに伴い、住所のみの変更に係る書換え交付の申請に当たっては、写真の添付を要しないものとし、交付方法については、当該取引主任者が現に保有する取引主任者証の裏面に変更した後の住所を記載するものとしたこと。

(3) 経過措置

　取引主任者証の様式の変更の規定は、原則として、平成9年12月22日から施行されるが、取引主任者証交付のためのOAシステムにおける様式の変更に係るプログラム変更等の事情を勘案し、一時に新様式によるとすることは、合理的ではないと考えられるので、平成10年3月31日までに交付する取引主任者証は、従前の様式により交付しても差し支えないものであること。また、これにより、従前の様式により交付された取引主任者証は、平成10年4月1日以後においても有効であること。

第2　従業者証明書の様式変更について（省令第17条及び別記様式第8号関係）

(1) 従業者証明書の大きさの変更

　宅地建物取引業者は、法第48条第1項の規定に基づき、その従業者を業務に従事させる場合には、当該宅地建物取引業者との雇用関係等を明確化するため、その従業者であることを証する証明書（以下「従業者証明書」という。）を携帯させなければならず、従業者は、法第48条第2項の規定に基づき、取引の関係者から請求されたときにそれを提示する義務があるため、業務に従事するに当たって常時従業者証明書を携帯することが必要であることから、取引主任者証と同旨の観点に基づき同様に措置したものであること。

(2) 従業者証明書の記載事項の変更

　宅地建物取引業者の発行する従業者証明書については、従事する事務所の名称、所在地等を明らかにすることにより、当該従業者の従事する宅地建物取引業者の特定が可能であるため、従業者証明書には従業者の住所の記載を義務付けないものとしたものであるこ

と。ただし、宅地建物取引業者の個別の事情に応じ、必要がある場合には、従業者証明書の裏面に従業者の住所を記載することは差し支えない。

(3) 従業者証明書の有効期間の上限を「3年」から「5年」に延長

　平成7年の宅地建物取引業法の一部を改正する法律（平成7年法律第67号）により宅地建物取引業の免許の有効期間を3年から5年に、先般の改正法により取引主任者証の有効期間を3年から5年に、それぞれ延長したところであるが、併せて、従業者証明書について、民間企業者等の事務負担軽減等の観点から有効期間の上限を3年から5年に延長したものであること。

(4) 経過措置

　従業者証明書の様式の変更の規定は、原則として、平成9年12月22日から施行されるが、一時に新様式によるとすることは、事実上困難であると考えられるので、平成10年3月31日までに交付する従業者証明書は、従前の様式により交付しても差し支えないものであること。また、これにより、従前の様式により交付された従業者証明書は、平成10年4月1日以後においても有効であること。

　なお、上記の(1)から(3)までについては、平成9年3月28日に閣議決定された規制緩和推進計画の再改定において位置づけられているものである。

第3　電子媒体による帳簿等の保存について（省令第13条の10第2項及び第3項、第17条の2第3項及び第4項、第18条第2項及び第3項並びに第26条第2項及び第3項関係）

　法第16条の11の規定により指定試験機関が備える試験事務に関する事項を記載した帳簿、法第48条第3項及び法第49条の規定により宅地建物取引業者がその事務所ごとに備える従業者名簿及び業務に関する帳簿並びに法第63条の5の規定により指定保管機関が備える寄託金保管簿について、法及び省令に定められた事項が電子計算機に備えられたファイル、磁気ディスク等に記録され、必要に応じ当該指定試験機関等において電子計算機、プリンター等の機器により明確に紙面に表示することができる場合には、当該記録をもって帳簿等への記載に代えることができるものとしたこと。また、ファイル、磁気ディスク等に記録した従業者名簿について、取引の関係者の閲覧に供する場合には、当該ファイル、磁気ディスク等に記録されている事項を紙面又はディスプレイ等の入出力装置の画面等に表示する方法で行うものとすること。

第4　新しい郵便番号制度の導入に伴う免許申請書等の様式変更について（別記様式第1号、第3号の4、第5号、第6号の2及び第7号関係）

　郵政規則等の改正に基づき、平成10年2月2日より新しい郵便番号制度が導入され、郵便番号が7桁となることに伴い、免許申請書等の様式についても、所要の改正を行ったものであること。

第5　その他

(1) 改正法の施行により取引主任者証の有効期間が延長されたことに伴い、同法の施行日前に取引主任者証の更新を受けた者のうち、更新前の取引主任者証の有効期間の終期が同法の施行日以後であった者については、現在その者が保有している取引主任者証の真の有効期間は、当該取引主任者証に記載されている有効期間と異なるものとなっているので、その旨充分周知を図り、適切に処理すること。

(2) 改正法の施行により取引主任者証の有効期間が3年から5年に延長されたことに伴い、取引主任者の資質の維持・向上に努めるため、法第22条の2第2項に規定する講習を始めとする既存の講習制度の一層の充実及びその活用に努めること。また、必要に応じて業界団体における自主的講習の実施を積極的に推進するよう指導するとともに、当該講習の実施に際して可能な限り協力されたい。

○宅地建物取引業法の解釈・運用の考え方について〔抄〕

(平成13年1月6日　国土交通省総動発第3号)
(国土交通省総合政策局不動産業課長から各地方支分部局主管部長あて)

最終改正　平成18年12月1日国総動第73号

中央省庁等改革関係法令の施行に伴い、宅地建物取引業法第3条第1項の免許をする権限等については、本日付けで地方整備局長、北海道開発局長及び沖縄総合事務局長が行うこととされたところであるが、国土交通省における宅地建物取引業法の解釈・運用の考え方については、別紙のとおりであるので、これを通達する。

（別紙）
○宅地建物取引業法の解釈・運用の考え方
〈略称凡例〉
　宅地建物取引業法第○条＝法第○条
　宅地建物取引業法施行令第△条＝令第△条
　宅地建物取引業法施行規則第□条＝規則第□条

第2条第1号関係
建物の敷地に供する目的で取引の対象とされた土地について

　本号に規定する「宅地」すなわち「建物の敷地に供せられる土地」とは、現に建物の敷地に供せられている土地に限らず、広く建物の敷地に供する目的で取引の対象とされた土地をいうものであり、その地目、現況の如何を問わないものとする。

第2条第2号関係
1　「宅地建物取引業」について
(1)　本号にいう「業として行なう」とは、宅地建物の取引を社会通念上事業の遂行とみることができる程度に行う状態を指すものであり、その判断は次の事項を参考に諸要因を勘案して総合的に行われるものとする。
(2)　判断基準
　① 取引の対象者
　　広く一般の者を対象に取引を行おうとするものは事業性が高く、取引の当事者に特定の関係が認められるものは事業性が低い。
　　（注）特定の関係とは、親族間、隣接する土地所有者等の代替が容易でないものが該当する。
　② 取引の目的
　　利益を目的とするものは事業性が高く、特定の資金需要の充足を目的とするものは事業性が低い。
　　（注）特定の資金需要の例としては、相続税の納税、住み替えに伴う既存住宅の処分等利益を得るために行うものではないものがある。
　③ 取引対象物件の取得経緯
　　転売するために取得した物件の取引は事業性が高く、相続又は自ら使用するために取得した物件の取引は事業性が低い。
　　（注）自ら使用するために取得した物件とは、個人の居住用の住宅、事業者の事業所、工場、社宅等の宅地建物が該当する。
　④ 取引の態様
　　自ら購入者を募り一般消費者に直接販売しようとするものは事業性が高く、宅地建物取引業者に代理又は媒介を依頼して販売しようとするものは事業性が低い。
　⑤ 取引の反復継続性
　　反復継続的に取引を行おうとするものは事業性が高く、1回限りの取引として行おうとするものは事業性が低い。
　　（注）反復継続性は、現在の状況のみならず、過去の行為並びに将来の行為の予定及びその蓋然性も含めて判断するものとする。
　　　また、1回の販売行為として行われるものであっても、区画割りして行う宅地の販売等複数の者に対して行われるものは反復継続的な取引に該当する。
2　その他
(1)　組合方式による住宅の建築という名目で、組合員以外の者が、業として、住宅取得者となるべき組合員を募集し、当該組合員による宅地の購入及び住宅の建築に関して指導、助言等を行うことについては、組合員による宅地又は建物の取得が当該宅地又は建物の売買として行われ、かつ、当該売買について当該組合員以外の者が関与する場合には、通常当該宅地又は建物の売買又はその媒介に該当するものと認められ、宅地建物取引業法が適用されることとなる。
　なお、組合員の募集が宅地又は建物が不特定のまま行われる場合にあっても、宅地又は建物が特定された

段階から宅地建物取引業法が適用されることとなる。
(2) 破産管財人は、破産財団の管理処分権を有し、裁判所の監督の下にその職務として財産の処分及び配分を行うものであり、破産財団の換価のために自らの名において任意売却により宅地又は建物の取引を反復継続的に行うことがあるが、当該行為は、破産法に基づく行為として裁判所の監督の下に行われるものであることにかんがみ、法第2条第2号にいう「業として行なうもの」には該当せず、当該行為を行うに当たり法第3条第1項の免許を受けることを要さないものとする。

ただし、当該売却に際しては、必要に応じて、宅地建物取引業者に代理又は媒介を依頼することにより、購入者の保護を図ることが望ましい。

第3条第1項関係
1 令第1条の2第1号に規定する「事務所」について
　本号に規定する「事務所」とは、商業登記簿等に登載されたもので、継続的に宅地建物取引業者の営業の拠点となる施設としての実体を有するものが該当し、宅地建物取引業を営まない支店は該当しないものとする。
　なお、登記していない個人にあっては、当該事業者の営業の本拠が本店に該当するものとする。
2 令第1条の2第2号に規定する「事務所」について
(1) 「継続的に業務を行なうことができる施設」について
　宅地建物取引業者の営業活動の場所として、継続的に使用することができるもので、社会通念上事務所として認識される程度の形態を備えたものとする。
(2) 「契約を締結する権限を有する使用人」について
　原則として、「継続的に業務を行なうことができる施設」の代表者等が該当し、取引の相手方に対して契約締結権限を行使（自らの名において契約を締結するか否かを問わない。）する者も該当するものとする。

第3条第6項関係
1 登録免許税の納税地について（登録免許税法第8条第1項関係）
(1) 本項の規定による納税義務者が登録免許税を国に納付する際の納税地は次のとおりである。
　① 北海道開発局長の免許を受けようとする場合は、
　　「北海道札幌市北区北31条西7－3－1　札幌国税局札幌北税務署」
　② 東北地方整備局長の免許を受けようとする場合は、
　　「宮城県仙台市青葉区上杉1－1－1　仙台国税局仙台北税務署」
　③ 関東地方整備局長の免許を受けようとする場合は、
　　「埼玉県さいたま市浦和区常盤4－11－19　関東信越国税局浦和税務署」
　④ 北陸地方整備局長の免許を受けようとする場合は、
　　「新潟県新潟市営所通2番町692－5　関東信越国税局新潟税務署」
　⑤ 中部地方整備局長の免許を受けようとする場合は、
　　「愛知県名古屋市中区三の丸3－3－2　名古屋国税局名古屋中税務署」
　⑥ 近畿地方整備局長の免許を受けようとする場合は、
　　「大阪府大阪市中央区大手前1－5－63　大阪国税局東税務署」
　⑦ 中国地方整備局長の免許を受けようとする場合は、
　　「広島県広島市中区上八丁堀3－19　広島国税局広島東税務署」
　⑧ 四国地方整備局長の免許を受けようとする場合は、
　　「香川県高松市天神前2－10　高松国税局高松税務署」
　⑨ 九州地方整備局長の免許を受けようとする場合は、
　　「福岡県福岡市東区馬出1－8－1　福岡国税局博多税務署」
　⑩ 沖縄総合事務局長の免許を受けようとする場合は、
　　「沖縄県那覇市旭町9　沖縄国税事務所那覇税務署」
(2) なお、登録免許税は、前記の納税地のほか、日本銀行及び国税の収納を行うその代理店並びに郵便局において納付することができるが、この場合においては、納付書の宛先は上記の各税務署となる。
2 非課税の場合について（登録免許税法第5条第13号関係）
　地方整備局長、北海道開発局長又は沖縄総合事務局長（以下「地方整備局長等」という。）の免許を受ける者であっても、個人で地方整備局長等の免許を受けた者の相続人が引き続き宅地建物取引業を営むために免許を受ける場合、及び法人で地方整備局長等の免許を受けた者が他の法人と合併するために解散し、新たに設立又は吸収合併した法人が引き続き宅地建物取引業を営むため地

方整備局長等の免許を受ける場合には、登録免許税が課されない。
3 過誤納金等について（登録免許税法第31条関係）
　登録免許税を納付した申請者が、当該申請を取り下げたとき、当該申請が拒否されたとき、又は過大に登録免許税を納付したときは、登録免許税の現金納付又は印紙納付のいずれかによらず、国税通則法の規定により過誤納金の還付を受けることができる。
　また、申請者が申請の取下げにあわせて、取下げの日から1年以内に使用済みの登録免許税の領収書又は印紙を再使用したい旨を申し出、使用することができる旨の証明を地方整備局長等が行ったときは、当該証明に係る領収書又は印紙を再使用することができる。
　したがって、申請を取り下げる旨の申出を行った者に対しては、既に納付した登録免許税の還付を受けるか、又は1年以内に再度申請するために領収書若しくは印紙を再使用するかのいずれかを確認し、領収書又は印紙を1年以内に再使用したい旨の申出があったときは、その旨を記載した書面を地方整備局長等あてに取下げ書と同時に提出させることとする。
　なお、再使用したい旨の申出を行った者は、再使用の証明を受けた場合において、当該証明を受けた領収書又は印紙を使用する必要がなくなったときは、当該証明を受けた日から1年以内に地方整備局長等に対し、当該証明を無効にして既に納付した登録免許税の還付を受けたい旨の申出を行わないと、登録免許税の過誤納金の還付を受けることができなくなる。
4 その他
　地方整備局長等の免許に係る申請書が、都道府県知事に提出され地方整備局長等あて進達されるまでの間に、当該申請者から取下げの申出があった場合においても、登録免許税の還付又は領収書等の再使用証明のいずれかの処理をするため、申請書及び関係資料は地方整備局長等あて送付することとなり、直ちに当該申請者に申請書は返却されないものである。

第3条の2関係
免許の条件について
　地方整備局長等が免許に条件を付す場合においては、例えば次の条件がある。
(1) 免許の更新に当たって、従前の免許の有効期間中に役員等が暴力団の構成員であったり、暴力団の実質的支配下に入った事実がある者に対して、「暴力団の構成員を役員等としないこと」又は「暴力団の実質的な支配下に入らないこと」とする条件。
(2) 免許の更新に当たって、過去5年間の宅地建物取引の実績がない者に対し、「免許直後1年の事業年度における宅地建物取引業の取引の状況に関する報告書を当該事業年度の終了後3月以内に提出すること」とする条件。

第4条関係
申請に対する処分に係る標準処理期間について
　法第3条第1項及び第3項に基づく申請に対する処分に係る標準処理期間については、原則として、申請の提出先とされている都道府県知事から地方整備局長等に到達するまでの期間を10日とし、地方整備局長等に当該申請が到達した日の翌日から起算して当該申請に対する処分の日までの期間を90日とする。
　なお、適正な申請を前提に定めるものであるから、形式上の要件に適合しない申請の補正に要する期間はこれに含まれない。また、適正な申請に対する処理についても、審査のため、相手方に必要な資料の提供等を求める場合にあっては、相手方がその求めに応ずるまでの期間はこれに含まれないこととする。

第4条第2項第4号関係
1 事務所付近の地図及び事務所の写真について（規則第1条の2第1項第4号関係）
　規則第1条の2第1項第4号に規定する「事務所付近の地図」とは、事務所の所在地を明記し、最寄りの交通機関、公共、公益施設等の位置を明示した概略図とする。
　また、「事務所の写真」とは、事務所の形態を確認することができるもので、事務所のある建物の外観、入口付近及び事務所の内部（報酬額表及び宅地建物取引業者票が掲示されていることが確認できるもの）を写したものとする。
2 官公署が証明する書類について
　添付書類において必要な官公署が証明する書類は、申請日前3月以内に発行されたものであるものとする。
3 規則第1条の2第1項第1号の2に定める証明書の取り扱いについて
(1) 外国籍の者で日本に在住している者については、登録証明書番号の記載のある登録原票記載事項証明書を規則第1条の2第1項第1号の2で定める証明書に代わる書面として取り扱うものとする。
(2) 外国籍の者で国外に在住している者については、その者が外国の法令において破産者、成年被後見人又は被保佐人と同様に取り扱われている者でないことを公証人、公的機関等が証明した書面を規則第1条の2第1項第1号の2で定める証明書に代わる書面として取り扱うものとする。

第5条第1項関係
1 「同等以上の支配力」の定義について
　本項第2号で「業務を執行する社員、取締役、執行役又はこれらに準ずる者と同等以上の支配力を有するものと認められる者を含む」としているが、「同等以上の支配力」の認定においては、名刺、案内状等に会長、相談役等の役職名を使用しているか否かが一つの基準となる。
2 免許における暴力団の排除に関する措置について
　法第3条第1項の免許を受けようとする者等（法人の場合においては、役員（業務を執行する社員、取締役、執行役又はこれらに準ずる者をいい、相談役、顧問、その他いかなる名称を有する者であるかを問わず、法人に対し業務を執行する社員、取締役、執行役又はこれらに準ずる者と同等以上の支配力を有するものと認められる者を含む。）及び宅地建物取引業に関し事務所の代表者である使用人、個人の場合においては、その者（その者が営業に関し成年者と同一の能力を有しない未成年者である場合には、その法定代理人）及び宅地建物取引業に関し事務所の代表者である使用人）が暴力団の構成員である場合には、本項第5号に掲げる要件に該当することとする。

第6関係
1 免許証番号の取り扱いについて
　(1) 免許証番号は、地方整備局単位ではなく全国を通して、免許をした順に付与することとする。
　(2) 免許証番号の（　）書きには、免許証の更新の回数に1を加えた数を記入するものとする。
　(3) 免許が効力を失った場合の免許証番号は欠番とし、補充は行わないものとする。
2 免許証の交付について
　地方整備局長等が行う免許証の交付については、次により取り扱うものとする。
　(1) 新規申請又は免許換え申請の場合の免許証の交付は、営業保証金を供託した旨の届出が当該申請者からあったとき、又は当該申請者に係る弁済業務保証金が供託された旨の報告が宅地建物取引業保証協会からあったときに行うこととする。
　(2) 免許証の郵送交付を希望する申請者には、免許証交付用の封筒（角形2号封筒に配達記録郵便により返送するに足りる郵便切手を貼ったもの）を免許申請書に添付させるものとする。
3 免許証の書換え又は再交付の申請について
　地方整備局長等の免許を受けた者が行う免許証の書換え又は再交付の申請については、次により取り扱うものとする。
　(1) 申請者には、免許証交付用の封筒（角形2号封筒に配達記録郵便により返送するに足りる郵便切手を貼ったもの）を当該申請書に添付させるものとする。
　(2) 当該申請は、地方整備局長等の判断により郵送でも行えるものとする。
4 免許証の返納について
　地方整備局長等に対する免許証の返納については、地方整備局長等の判断により郵送でも行えるものとする。

第9条関係
変更の届出の処理について
　変更事項が、地方整備局長等の管轄区域を越える本店又は主たる事務所の所在地の変更である場合には、次により取り扱うものとする。
　(1) 変更の届出を受けた変更後の本店又は主たる事務所の所在地を管轄する地方整備局長等は、宅地建物取引業者名簿に届出者に係る登載事項を追加した旨を変更前の本店又は主たる事務所の所在地を管轄する地方整備局長等に通知するものとする。
　(2) 当該通知を受けた地方整備局長等は、宅地建物取引業者名簿から当該届出者に係る登載事項を削除するとともに、必要な書類を変更後の本店又は主たる事務所の所在地を管轄する地方整備局長等に送付するものとする。

第12条第1項関係
無免許の者が宅地建物取引業者の媒介等を経て取引を行った場合について
　免許を受けていない者が業として行う宅地建物取引に宅地建物取引業者が代理又は媒介として関与したとしても、当該取引は無免許事業に該当する。
　また、宅地建物取引業者が無免許事業に代理又は媒介として関与した場合は、当該宅地建物取引業者の行為は法第65条第2項第5号又は法第66条第1項第9号に該当する。

第15条第1項関係
1 事務所以外で専任の取引主任者を置くべき場所について（規則第6条の2関係）
　(1) 規則第6条の2各号に掲げる場所における「契約の締結」について
　　本条各号に掲げる場所において、宅地建物の売買若しくは交換の契約又は宅地建物の売買、交換若しくは貸借の代理若しくは媒介の契約を締結する際には、当該場所で取り扱う物件について、契約を締結する権限の委任を受けた者を置くものであるか、又は契約締結権限を有する者が派遣されているものとする。
　(2) 「契約の申込み」について

「契約の申込み」とは、契約を締結する意思を表示することをいい、物件の購入のための抽選の申込み等金銭の授受を伴わないものも含まれることとする。
(3) 規則第6条の2第1号関係

本号に該当する場所は、令第1条の2と同等程度の事務所としての物的施設を有してはいるが、宅地建物取引業に係る契約締結権限を有する者が置かれない場所であり、特定の物件の契約又は申込みの受付等を行う場所、特定のプロジェクトを実施するための現地の出張所等が該当し、不特定の物件の契約を行う等継続的に取引の相手方に対して契約締結権限を行使する者が置かれることとなる場合は、令第1条の2第2号に規定する「事務所」に該当するものとする。

(4) 規則第6条の2第4号関係

本号に該当する場所は、宅地建物の取引や媒介契約の申込みを行う不動産フェア、宅地建物の買い換え・住み替えの相談会、住宅金融公庫融資付物件等のように一時に多数の顧客が対象となる場合に設けられる抽選会、売買契約の事務処理等を行う場所その他催しとして期間を限って開催されるものとする。

(5) その他
① 複数の宅地建物取引業者が設置する案内所について

同一の物件について、売主である宅地建物取引業者及び媒介又は代理を行う宅地建物取引業者が同一の場所において業務を行う場合には、いずれかの宅地建物取引業者が専任の取引主任者を1人以上置けば法第15条第1項の要件を満たすものとする。

なお、不動産フェア等複数の宅地建物取引業者が異なる物件を取り扱う場合には、各宅地建物取引業者ごとに1人以上の専任の取引主任者を置くものとする。

② 臨時に開設する案内所について

週末に取引主任者や契約締結権者が出張して申込みの受付や契約の締結を行う別荘の現地案内所等、週末にのみ営業を行うような場所についても、専任の取引主任者を置くものとする。

2 業務に従事する者の範囲について（規則第6条の3関係）

(1) 宅地建物取引業のみを営む者について

原則として、代表者、役員（非常勤の役員を除く。）及びすべての従業員等が含まれ、受付、秘書、運転手等の業務に従事する者も対象となるが、宅地建物の取引に直接的な関係が乏しい業務に臨時的に従事する者はこれに該当しないこととする。

(2) 他の業種を兼業している者について

代表者、宅地建物取引業を担当する役員（非常勤の役員及び主として他の業種も担当し宅地建物取引業の業務の比重が小さい役員を除く。）及び宅地建物取引業の業務に従事する者が含まれ、宅地建物取引業を主として営む者にあっては、全体を統括する一般管理部門の職員も該当することとする。

3 「専任の取引主任者」の専任性について

「専任」とは、原則として、宅地建物取引業を営む事務所に常勤（宅地建物取引業者の通常の勤務時間を勤務することをいう。）して、専ら宅地建物取引業に従事する状態をいう。ただし、当該事務所が宅地建物取引業以外の業種を兼業している場合等で、当該事務所において一時的に宅地建物取引業の業務が行われていない間に他の業種に係る業務に従事することは差し支えないものとする。

また、宅地建物取引業の事務所が建築士事務所、建設業の営業所等を兼ね、当該事務所における取引主任者が建築士法、建設業法等の法令により専任を要する業務に従事しようとする場合及び個人の宅地建物取引業者が取引主任者となっている宅地建物取引業の事務所において、当該個人が同一の場所において土地家屋調査士、行政書士等の業務をあわせて行おうとする場合等については、他の業種の業務量等を斟酌のうえ専任と認められるものを除き、専任の取引主任者とは認められないものとする。

第18条関係

宅地建物取引主任者の登録に係る実務の経験について

実務経験として算入できる業務の内容は、免許を受けた宅地建物取引業者としての経験又は宅地建物取引業者の下で勤務していた経験をいい、顧客への説明、物件の調査等具体の取引に関するものと解される。受付、秘書、いわゆる総務、人事、経理、財務等の一般管理部門等の顧客と直接の接触がない部門に所属した期間及び単に補助的な事務に従事した期間については算入しないことが適当と解される。

第19条関係

1 宅地建物取引主任者の登録について

宅地建物取引主任者登録申請に関し、他の都道府県知事が実施した宅地建物取引主任者資格試験に合格した者に係る申請書が提出された場合においては、収入証紙の都合等特段の事由がある場合を除き、当該試験を実施した都道府県知事に送付することが適当と解される。

2 実務経験証明書の記入について

実務の経験の期間の計算は、月単位で行い、1月に満

たない日数については、20日を1月として計算することとし、また、申請の前10年以内の経験を記入するとともに、直近の2年以上の経験を記載することが適当と解される。なお、この実務経験については、宅地建物取引主任者資格試験の合格の前後を問う必要はないものと解される。

第19条の2関係
登録の移転について

宅地建物取引主任者登録移転申請書が移転先の都道府県知事に対して直接提出された場合にあっては、当該移転先の都道府県知事は、当該申請書の写しを移転元の都道府県知事に送付して当該申請がなされたことを通知するなどにより、移転元の都道府県知事において当該登録の移転に係る手続が行えるよう、相互の連絡調整を図ることが適当と解される。

登録移転申請を先に窓口において行った申請者に対しては、窓口において変更登録申請書の様式を交付して移転先の都道府県知事に対する変更登録申請をその場で行えるようにし、その他の必要な書類については別途郵送にて送付し、申請者負担の軽減を図ることが適当と解される。

なお、変更登録申請書については、移転元（宛先）の都道府県知事に送付することが適当と解される。

第25条第3項関係
1　営業保証金として好ましくない有価証券について

供託することができる有価証券は、規則第15条の2各号に掲げるとおりであるが、債権が時効によって消滅する時期の近い有価証券及び解散中の法人で特別清算中以外のものが発行した有価証券は、営業保証金の継続的な性格からみて好ましくないものであり、供託中の有価証券がこのような事由に該当することが判明したときは、速やかに差し替えをすることとする。

2　すでに供託中の有価証券について欠格事由が生じた場合等について（規則第15条の2第32号関係）

供託中の有価証券について規則第15条の2第32号かっこ書に該当する欠格事由が生じ、又はその債権が消滅することとなった場合においては、営業保証金を供託していない状態となるので、新たな営業保証金を速やかに供託するものとする。

第25条第4項関係
1　営業保証金の差し替えをした場合の届出について（規則第15条の4の2関係）

営業保証金を有価証券をもって供託した場合において、当該有価証券の償還期の到来等により、従前の供託物に代わる新たな供託物を供託した後、従前の供託物の取戻しをすることを一般に供託物の差し替えというが、規則第15条の4の2は、営業保証金としての供託物の変換をした場合の届出について規定したものであり、この「変換」とは、いわゆる「差し替え」のことをいうものである。

なお、この場合の取戻しは、法第30条第2項の規定による公告をしなくても行い得るもので、この差し替えをした場合にあっては、従前の供託物の取戻しまでに、新たな供託に係る供託書正本（みなし供託書正本を含む。以下同じ。）の写しを添付して届出をすることとする。

2　供託書正本の提示について

地方整備局長等の免許を受けた者が、営業保証金の供託若しくは変換又は保管替えに伴う届出を行おうとする場合には、地方整備局等の窓口で当該届出に係る供託書正本を提示させるものとする。

第30条関係
1　宅地建物取引業者営業保証金規則第8条第3項に規定する届出について

地方整備局長等の免許を受けた者又はその免許を受けていた者が当該届出を行う場合にあっては、次により取り扱うものとする。

(1)　届出者には、公告が掲載された官報の該当頁を添付させるものとする。
(2)　当該届出は、地方整備局長等の判断により郵送でも行えるものとする。

2　宅地建物取引業者営業保証金規則第9条に規定する証明書の交付申請について

地方整備局長等の免許を受けた者又はその免許を受けていた者が当該証明書の交付を申請する場合にあっては、次により取り扱うものとする。

(1)　申請者には、返信用封筒（角形2号又は長形3号封筒に配達記録郵便により返送するに足りる郵便切手を貼ったもの）を当該申請者に添付させるものとする。
(2)　当該申請は、地方整備局長等の判断により郵送でも行えるものとする。

第50条第2項関係
1　業務を行う期間について

業務を行う期間は原則最長1年とし、引き続き業務を行う場合は改めて届出を行う必要がある。

2　専任の取引主任者に関する事項について

専任の取引主任者としては、実際に専任の取引主任者として勤務する者1人を届け出れば足りるものとする。

3　既に届け出た場所に係る新たな届出の取扱いについて

(1)　既に届け出てある案内所等について次の事項を変更しようとする場合には、変更のない部分も含めて記入し届け出ることとする。

なお、以下に該当し新たな届出を行う場合、「物件の種類等」に記載する区画数、戸数及び面積については当初の届出に係るものを上段かっこ書きで記載したうえで、新たな届出を行う時点での数量を記載するものとし、引き続き案内所を設置する場合に限り、「一団の宅地建物の分譲」に係る案内所として取り扱って差し支えないものとする。
① 「業務を行う期間」を延長しようとする場合
② 「業務の種別」又は「業務の態様」の届出に係る業務を変更しようとする場合
③ 「専任の取引主任者に関する事項」について、届け出ている専任の取引主任者を変更しようとする場合

(2) 既に届け出たものが次に該当する場合は、変更の届出は要しないものとする。
① 「取り扱う宅地建物の内容等」欄の「所在地」以外の欄が変更になる場合
② 届出を行った宅地建物取引業者の代表者のみの変更の場合

その他の留意すべき事項
4 フレキシブルディスクによる手続について
　規則第33条から第36条までにおいては、免許申請書等に代えてフレキシブルディスクによる提出が行われた場合には、国土交通大臣又は都道府県知事はこれを受理することができるものとする。これは免許権者等にフレキシブルディスクによる提出の受理を義務付けるものではなく、受理することもその裁量によって可能とするものである。

全国市区町村コード表

平成19年3月1日現在

01 北海道

コード	市区町村
01101	中央区
01102	北区
01103	東区
01104	白石区
01105	豊平区
01106	南区
01107	西区
01108	厚別区
01109	手稲区
01110	清田区
	（以上札幌市）
01202	函館市
01203	小樽市
01204	旭川市
01205	室蘭市
01206	釧路市
01207	帯広市
01208	北見市
01209	夕張市
01210	岩見沢市
01211	網走市
01212	留萌市
01213	苫小牧市
01214	稚内市
01215	美唄市
01216	芦別市
01217	江別市
01218	赤平市
01219	紋別市
01220	士別市
01221	名寄市
01222	三笠市
01223	根室市
01224	千歳市
01225	滝川市
01226	砂川市
01227	歌志内市
01228	深川市
01229	富良野市
01230	登別市
01231	恵庭市
01233	伊達市
01234	北広島市
01235	石狩市
01236	北斗市
01303	当別町
01304	新篠津村
01331	松前町
01332	福島町
01333	知内町
01334	木古内町
01337	七飯町
01343	鹿部町
01345	森町
01346	八雲町
01347	長万部町
01361	江差町
01362	上ノ国町
01363	厚沢部町
01364	乙部町
01367	奥尻町
01370	今金町
01371	せたな町
01391	島牧村
01392	寿都町
01393	黒松内町
01394	蘭越町
01395	ニセコ町
01396	真狩村
01397	留寿都村
01398	喜茂別町
01399	京極町
01400	倶知安町
01401	共和町
01402	岩内町
01403	泊村
01404	神恵内村
01405	積丹町
01406	古平町
01407	仁木町
01408	余市町
01409	赤井川村
01423	南幌町
01424	奈井江町
01425	上砂川町
01427	由仁町
01428	長沼町
01429	栗山町
01430	月形町
01431	浦臼町
01432	新十津川町
01433	妹背牛町
01434	秩父別町
01436	雨竜町
01437	北竜町
01438	沼田町
01439	幌加内町
01452	鷹栖町
01453	東神楽町
01454	当麻町
01455	比布町
01456	愛別町
01457	上川町
01458	東川町
01459	美瑛町
01460	上富良野町
01461	中富良野町
01462	南富良野町
01463	占冠村
01464	和寒町
01465	剣淵町
01468	下川町
01469	美深町
01470	音威子府村
01471	中川町
01481	増毛町
01482	小平町
01483	苫前町
01484	羽幌町
01485	初山別村
01486	遠別町
01487	天塩町
01488	幌延町
01511	猿払村
01512	浜頓別町
01513	中頓別町
01514	枝幸町
01516	豊富町
01517	礼文町
01518	利尻町
01519	利尻富士町
01543	美幌町
01544	津別町
01545	斜里町
01546	清里町
01547	小清水町
01549	訓子府町
01550	置戸町

01552	佐呂間町	01665	弟子屈町	02442	五戸　町	04	宮城県
01555	遠軽　町	01667	鶴居　村	02443	田子　町		
01558	上湧別町	01668	白糠　町	02445	南部　町	04101	青葉　区
01559	湧別　町	01691	別海　町	02446	階上　町	04102	宮城野区
01560	滝上　町	01692	中標津町	02450	新郷　村	04103	若林　区
01561	興部　町	01693	標津　町			04104	太白　区
01562	西興部村	01694	羅臼　町			04105	泉　　区
01563	雄武　町			03	岩手県		（以上仙台市）
01564	大空　町	02	青森県			04202	石巻　市
01571	豊浦　町			03201	盛岡　市	04203	塩竈　市
01575	壮瞥　町	02201	青森　市	03202	宮古　市	04205	気仙沼市
01578	白老　町	02202	弘前　市	03203	大船渡市	04206	白石　市
01581	厚真　町	02203	八戸　市	03205	花巻　市	04207	名取　市
01584	洞爺湖町	02204	黒石　市	03206	北上　市	04208	角田　市
01585	安平　町	02205	五所川原市	03207	久慈　市	04209	多賀城市
01586	むかわ町	02206	十和田市	03208	遠野　市	04211	岩沼　市
01601	日高　町	02207	三沢　市	03209	一関　市	04212	登米　市
01602	平取　町	02208	むつ　市	03210	陸前高田市	04213	栗原　市
01604	新冠　町	02209	つがる市	03211	釜石　市	04214	東松島市
01607	浦河　町	02210	平川　市	03213	二戸　市	04215	大崎　市
01608	様似　町	02301	平内　町	03214	八幡平市	04301	蔵王　町
01609	えりも町	02303	今別　町	03215	奥州　市	04302	七ヶ宿町
01610	新ひだか町	02304	蓬田　村	03301	雫石　町	04321	大河原町
01631	音更　町	02307	外ヶ浜町	03302	葛巻　町	04322	村田　町
01632	士幌　町	02321	鰺ヶ沢町	03303	岩手　町	04323	柴田　町
01633	上士幌町	02323	深浦　町	03305	滝沢　村	04324	川崎　町
01634	鹿追　町	02343	西目屋村	03321	紫波　町	04341	丸森　町
01635	新得　町	02361	藤崎　町	03322	矢巾　町	04361	亘理　町
01636	清水　町	02362	大鰐　町	03366	西和賀町	04362	山元　町
01637	芽室　町	02367	田舎館村	03381	金ヶ崎町	04401	松島　町
01638	中札内村	02381	板柳　町	03402	平泉　町	04404	七ヶ浜町
01639	更別　村	02384	鶴田　町	03422	藤沢　町	04406	利府　町
01641	大樹　町	02387	中泊　町	03441	住田　町	04421	大和　町
01642	広尾　町	02401	野辺地町	03461	大槌　町	04422	大郷　町
01643	幕別　町	02402	七戸　町	03482	山田　町	04423	富谷　町
01644	池田　町	02405	六戸　町	03483	岩泉　町	04424	大衡　村
01645	豊頃　町	02406	横浜　町	03484	田野畑村	04444	色麻　町
01646	本別　町	02408	東北　町	03485	普代　村	04445	加美　町
01647	足寄　町	02411	六ヶ所村	03487	川井　村	04501	涌谷　町
01648	陸別　町	02412	おいらせ町	03501	軽米　町	04505	美里　町
01649	浦幌　町	02423	大間　町	03503	野田　村	04581	女川　町
01661	釧路　町	02424	東通　村	03506	九戸　村	04603	本吉　町
01662	厚岸　町	02425	風間浦村	03507	洋野　町	04606	南三陸町
01663	浜中　町	02426	佐井　村	03524	一戸　町		
01664	標茶　町	02441	三戸　町				

05 秋田県

05201	秋田市	
05202	能代市	
05203	横手市	
05204	大館市	
05206	男鹿市	
05207	湯沢市	
05209	鹿角市	
05210	由利本荘市	
05211	潟上市	
05212	大仙市	
05213	北秋田市	
05214	にかほ市	
05215	仙北市	
05303	小坂町	
05327	上小阿仁村	
05346	藤里町	
05348	三種町	
05349	八峰町	
05361	五城目町	
05363	八郎潟町	
05366	井川町	
05368	大潟村	
05434	美郷町	
05463	羽後町	
05464	東成瀬村	

06 山形県

06201	山形市
06202	米沢市
06203	鶴岡市
06204	酒田市
06205	新庄市
06206	寒河江市
06207	上山市
06208	村山市
06209	長井市
06210	天童市
06211	東根市
06212	尾花沢市
06213	南陽市
06301	山辺町
06302	中山町
06321	河北町
06322	西川町
06323	朝日町
06324	大江町
06341	大石田町
06361	金山町
06362	最上町
06363	舟形町
06364	真室川町
06365	大蔵村
06366	鮭川村
06367	戸沢村
06381	高畠町
06382	川西町
06401	小国町
06402	白鷹町
06403	飯豊町
06426	三川町
06428	庄内町
06461	遊佐町

07 福島県

07201	福島市
07202	会津若松市
07203	郡山市
07204	いわき市
07205	白河市
07207	須賀川市
07208	喜多方市
07209	相馬市
07210	二本松市
07211	田村市
07212	南相馬市
07213	伊達市
07214	本宮市
07301	桑折町
07303	国見町
07308	川俣町
07309	飯野町
07322	大玉村
07342	鏡石町
07344	天栄村
07362	下郷町
07364	檜枝岐村
07367	只見町
07368	南会津町
07402	北塩原村
07405	西会津町
07407	磐梯町
07408	猪苗代町
07421	会津坂下町
07422	湯川村
07423	柳津町
07444	三島町
07445	金山町
07446	昭和村
07447	会津美里町
07461	西郷村
07464	泉崎村
07465	中島村
07466	矢吹町
07481	棚倉町
07482	矢祭町
07483	塙町
07484	鮫川村
07501	石川町
07502	玉川村
07503	平田村
07504	浅川町
07505	古殿町
07521	三春町
07522	小野町
07541	広野町
07542	楢葉町
07543	富岡町
07544	川内村
07545	大熊町
07546	双葉町
07547	浪江町
07548	葛尾村
07561	新地町
07564	飯舘村

08 茨城県

08201	水戸市
08202	日立市
08203	土浦市
08204	古河市
08205	石岡市
08207	結城市
08208	龍ケ崎市
08210	下妻市
08211	常総市
08212	常陸太田市
08214	高萩市
08215	北茨城市
08216	笠間市
08217	取手市
08219	牛久市
08220	つくば市
08221	ひたちなか市
08222	鹿嶋市
08223	潮来市
08224	守谷市
08225	常陸大宮市
08226	那珂市
08227	筑西市
08228	坂東市
08229	稲敷市
08230	かすみがうら市
08231	桜川市
08232	神栖市
08233	行方市
08234	鉾田市
08235	つくばみらい市
08236	小美玉市
08302	茨城町
08309	大洗町
08310	城里町
08341	東海村
08364	大子町
08442	美浦村
08443	阿見町
08447	河内町
08521	八千代町
08542	五霞町
08546	境町
08564	利根町

09 栃木県

09201	宇都宮市
09202	足利市

09203	栃木市	10212	みどり市	11207	秩父市	11349	ときがわ町
09204	佐野市	10303	富士見村	11208	所沢市	11361	横瀬町
09205	鹿沼市	10344	榛東村	11209	飯能市	11362	皆野町
09206	日光市	10345	吉岡町	11210	加須市	11363	長瀞町
09208	小山市	10363	吉井町	11211	本庄市	11365	小鹿野町
09209	真岡市	10366	上野村	11212	東松山市	11369	東秩父村
09210	大田原市	10367	神流町	11214	春日部市	11381	美里町
09211	矢板市	10382	下仁田町	11215	狭山市	11383	神川町
09213	那須塩原市	10383	南牧村	11216	羽生市	11385	上里町
09214	さくら市	10384	甘楽町	11217	鴻巣市	11408	寄居町
09215	那須烏山市	10421	中之条町	11218	深谷市	11421	騎西町
09216	下野市	10424	長野原町	11219	上尾市	11424	北川辺町
09301	上三川町	10425	嬬恋村	11221	草加市	11425	大利根町
09303	上河内町	10426	草津町	11222	越谷市	11442	宮代町
09304	河内町	10427	六合村	11223	蕨市	11445	白岡町
09321	西方町	10428	高山村	11224	戸田市	11446	菖蒲町
09341	二宮町	10429	東吾妻町	11225	入間市	11461	栗橋町
09342	益子町	10443	片品村	11226	鳩ヶ谷市	11462	鷲宮町
09343	茂木町	10444	川場村	11227	朝霞市	11464	杉戸町
09344	市貝町	10448	昭和村	11228	志木市	11465	松伏町
09345	芳賀町	10449	みなかみ町	11229	和光市		
09361	壬生町	10464	玉村町	11230	新座市	**12　千葉県**	
09364	野木町	10521	板倉町	11231	桶川市		
09365	大平町	10522	明和町	11232	久喜市	12101	中央区
09366	藤岡町	10523	千代田町	11233	北本市	12102	花見川区
09367	岩舟町	10524	大泉町	11234	八潮市	12103	稲毛区
09368	都賀町	10525	邑楽町	11235	富士見市	12104	若葉区
09384	塩谷町			11237	三郷市	12105	緑区
09386	高根沢町	**11　埼玉県**		11238	蓮田市	12106	美浜区
09407	那須町			11239	坂戸市	（以上千葉市）	
09411	那珂川町	11101	西区	11240	幸手市	12202	銚子市
		11102	北区	11241	鶴ヶ島市	12203	市川市
10　群馬県		11103	大宮区	11242	日高市	12204	船橋市
		11104	見沼区	11243	吉川市	12205	館山市
10201	前橋市	11105	中央区	11245	ふじみ野市	12206	木更津市
10202	高崎市	11106	桜区	11301	伊奈町	12207	松戸市
10203	桐生市	11107	浦和区	11324	三芳町	12208	野田市
10204	伊勢崎市	11108	南区	11326	毛呂山町	12210	茂原市
10205	太田市	11109	緑区	11327	越生町	12211	成田市
10206	沼田市	11110	岩槻区	11341	滑川町	12212	佐倉市
10207	館林市	（以上さいたま市）		11342	嵐山町	12213	東金市
10208	渋川市	11201	川越市	11343	小川町	12215	旭市
10209	藤岡市	11202	熊谷市	11346	川島町	12216	習志野市
10210	富岡市	11203	川口市	11347	吉見町	12217	柏市
10211	安中市	11206	行田市	11348	鳩山町	12218	勝浦市

コード	名称	コード	名称	コード	名称	コード	名称
12219	市原市	13103	港区	13228	あきる野市	14201	横須賀市
12220	流山市	13104	新宿区	13229	西東京市	14203	平塚市
12221	八千代市	13105	文京区	13303	瑞穂町	14204	鎌倉市
12222	我孫子市	13106	台東区	13305	日の出町	14205	藤沢市
12223	鴨川市	13107	墨田区	13307	檜原村	14206	小田原市
12224	鎌ケ谷市	13108	江東区	13308	奥多摩町	14207	茅ヶ崎市
12225	君津市	13109	品川区	13361	大島町	14208	逗子市
12226	富津市	13110	目黒区	13362	利島村	14209	相模原市
12227	浦安市	13111	大田区	13363	新島村	14210	三浦市
12228	四街道市	13112	世田谷区	13364	神津島村	14211	秦野市
12229	袖ケ浦市	13113	渋谷区	13381	三宅村	14212	厚木市
12230	八街市	13114	中野区	13382	御蔵島村	14213	大和市
12231	印西市	13115	杉並区	13401	八丈町	14214	伊勢原市
12232	白井市	13116	豊島区	13402	青ヶ島村	14215	海老名市
12233	富里市	13117	北区	13421	小笠原村	14216	座間市
12234	南房総市	13118	荒川区			14217	南足柄市
12235	匝瑳市	13119	板橋区	**14 神奈川県**		14218	綾瀬市
12236	香取市	13120	練馬区			14301	葉山町
12237	山武市	13121	足立区	14101	鶴見区	14321	寒川町
12238	いすみ市	13122	葛飾区	14102	神奈川区	14341	大磯町
12322	酒々井町	13123	江戸川区	14103	西区	14342	二宮町
12325	印旛村	13201	八王子市	14104	中区	14361	中井町
12328	本埜村	13202	立川市	14105	南区	14362	大井町
12329	栄町	13203	武蔵野市	14106	保土ケ谷区	14363	松田町
12342	神崎町	13204	三鷹市	14107	磯子区	14364	山北町
12347	多古町	13205	青梅市	14108	金沢区	14366	開成町
12349	東庄町	13206	府中市	14109	港北区	14382	箱根町
12402	大網白里町	13207	昭島市	14110	戸塚区	14383	真鶴町
12403	九十九里町	13208	調布市	14111	港南区	14384	湯河原町
12409	芝山町	13209	町田市	14112	旭区	14401	愛川町
12410	横芝光町	13210	小金井市	14113	緑区	14402	清川村
12421	一宮町	13211	小平市	14114	瀬谷区	14424	藤野町
12422	睦沢町	13212	日野市	14115	栄区		
12423	長生村	13213	東村山市	14116	泉区	**15 新潟県**	
12424	白子町	13214	国分寺市	14117	青葉区		
12426	長柄町	13215	国立市	14118	都筑区	15201	新潟市
12427	長南町	13218	福生市	(以上横浜市)		15202	長岡市
12441	大多喜町	13219	狛江市	14131	川崎区	15204	三条市
12443	御宿町	13220	東大和市	14132	幸区	15205	柏崎市
12463	鋸南町	13221	清瀬市	14133	中原区	15206	新発田市
		13222	東久留米市	14134	高津区	15208	小千谷市
13 東京都		13223	武蔵村山市	14135	多摩区	15209	加茂市
		13224	多摩市	14136	宮前区	15210	十日町市
13101	千代田区	13225	稲城市	14137	麻生区	15211	見附市
13102	中央区	13227	羽村市	(以上川崎市)		15212	村上市

コード	市区町村	コード	市区町村	コード	市区町村	コード	市区町村
15213	燕　　　市		**17　石川県**	19202	富士吉田市	20217	佐　久　市
15216	糸魚川市			19204	都　留　市	20218	千　曲　市
15217	妙　高　市	17201	金　沢　市	19205	山　梨　市	20219	東　御　市
15218	五　泉　市	17202	七　尾　市	19206	大　月　市	20220	安曇野市
15222	上　越　市	17203	小　松　市	19207	韮　崎　市	20303	小　海　町
15223	阿賀野市	17204	輪　島　市	19208	南アルプス市	20304	川　上　村
15224	佐　渡　市	17205	珠　洲　市	19209	北　杜　市	20305	南　牧　村
15225	魚　沼　市	17206	加　賀　市	19210	甲　斐　市	20306	南相木村
15226	南魚沼市	17207	羽　咋　市	19211	笛　吹　市	20307	北相木村
15227	胎　内　市	17209	かほく市	19212	上野原市	20309	佐久穂町
15307	聖　籠　町	17210	白　山　市	19213	甲　州　市	20321	軽井沢町
15342	弥　彦　村	17211	能　美　市	19214	中　央　市	20323	御代田町
15361	田　上　町	17324	川　北　町	19346	市川三郷町	20324	立　科　町
15385	阿　賀　町	17344	野々市町	19361	増　穂　町	20349	青　木　村
15405	出雲崎町	17361	津　幡　町	19362	鰍　沢　町	20350	長　和　町
15441	川　口　町	17365	内　灘　町	19364	早　川　町	20361	下諏訪町
15461	湯　沢　町	17384	志　賀　町	19365	身　延　町	20362	富士見町
15482	津　南　町	17386	宝達志水町	19366	南　部　町	20363	原　　　村
15504	刈　羽　村	17407	中能登町	19384	昭　和　町	20382	辰　野　町
15581	関　川　村	17461	穴　水　町	19422	道　志　村	20383	箕　輪　町
15582	荒　川　町	17463	能　登　町	19423	西　桂　町	20384	飯　島　町
15583	神　林　村			19424	忍　野　村	20385	南箕輪村
15584	朝　日　村		**18　福井県**	19425	山中湖村	20386	中　川　村
15585	山　北　町			19429	鳴　沢　村	20388	宮　田　村
15586	粟島浦村	18201	福　井　市	19430	富士河口湖町	20402	松　川　町
		18202	敦　賀　市	19442	小　菅　村	20403	高　森　町
	16　富山県	18204	小　浜　市	19443	丹波山村	20404	阿　南　町
		18205	大　野　市			20406	清内路村
16201	富　山　市	18206	勝　山　市		**20　長野県**	20407	阿　智　村
16202	高　岡　市	18207	鯖　江　市			20409	平　谷　村
16204	魚　津　市	18208	あわら市	20201	長　野　市	20410	根　羽　村
16205	氷　見　市	18209	越　前　市	20202	松　本　市	20411	下　條　村
16206	滑　川　市	18210	坂　井　市	20203	上　田　市	20412	売　木　村
16207	黒　部　市	18322	永平寺町	20204	岡　谷　市	20413	天　龍　村
16208	砺　波　市	18382	池　田　町	20205	飯　田　市	20414	泰　阜　村
16209	小矢部市	18404	南越前町	20206	諏　訪　市	20415	喬　木　村
16210	南　砺　市	18423	越　前　町	20207	須　坂　市	20416	豊　丘　村
16211	射　水　市	18442	美　浜　町	20208	小　諸　市	20417	大　鹿　村
16321	舟　橋　村	18481	高　浜　町	20209	伊　那　市	20422	上　松　町
16322	上　市　町	18483	おおい町	20210	駒ヶ根市	20423	南木曽町
16323	立　山　町	18501	若　狭　町	20211	中　野　市	20425	木　祖　村
16342	入　善　町			20212	大　町　市	20429	王　滝　村
16343	朝　日　町		**19　山梨県**	20213	飯　山　市	20430	大　桑　村
				20214	茅　野　市	20432	木　曽　町
		19201	甲　府　市	20215	塩　尻　市	20446	麻　績　村

20448	生坂村	21302	岐南町	22222	伊豆市	23202	岡崎市
20449	波田町	21303	笠松町	22223	御前崎市	23203	一宮市
20450	山形村	21341	養老町	22224	菊川市	23204	瀬戸市
20451	朝日村	21361	垂井町	22225	伊豆の国市	23205	半田市
20452	筑北村	21362	関ケ原町	22226	牧之原市	23206	春日井市
20481	池田町	21381	神戸町	22301	東伊豆町	23207	豊川市
20482	松川村	21382	輪之内町	22302	河津町	23208	津島市
20485	白馬村	21383	安八町	22304	南伊豆町	23209	碧南市
20486	小谷村	21401	揖斐川町	22305	松崎町	23210	刈谷市
20521	坂城町	21403	大野町	22306	西伊豆町	23211	豊田市
20541	小布施町	21404	池田町	22325	函南町	23212	安城市
20543	高山村	21421	北方町	22341	清水町	23213	西尾市
20561	山ノ内町	21501	坂祝町	22342	長泉町	23214	蒲郡市
20562	木島平村	21502	富加町	22344	小山町	23215	犬山市
20563	野沢温泉村	21503	川辺町	22361	芝川町	23216	常滑市
20581	信州新町	21504	七宗町	22381	富士川町	23217	江南市
20583	信濃町	21505	八百津町	22383	由比町	23219	小牧市
20588	小川村	21506	白川町	22401	岡部町	23220	稲沢市
20589	中条村	21507	東白川村	22402	大井川町	23221	新城市
20590	飯綱町	21521	御嵩町	22424	吉田町	23222	東海市
20602	栄　村	21604	白川村	22426	川根町	23223	大府市
				22429	川根本町	23224	知多市
				22461	森　町	23225	知立市
21	**岐阜県**	**22**	**静岡県**	22503	新居町	23226	尾張旭市
						23227	高浜市
21201	岐阜市	22101	葵　区			23228	岩倉市
21202	大垣市	22102	駿河区	**23**	**愛知県**	23229	豊明市
21203	高山市	22103	清水区			23230	日進市
21204	多治見市		（以上静岡市）	23101	千種区	23231	田原市
21205	関　市	22202	浜松市	23102	東　区	23232	愛西市
21206	中津川市	22203	沼津市	23103	北　区	23233	清須市
21207	美濃市	22205	熱海市	23104	西　区	23234	北名古屋市
21208	瑞浪市	22206	三島市	23105	中村区	23235	弥富市
21209	羽島市	22207	富士宮市	23106	中　区	23302	東郷町
21210	恵那市	22208	伊東市	23107	昭和区	23304	長久手町
21211	美濃加茂市	22209	島田市	23108	瑞穂区	23342	豊山町
21212	土岐市	22210	富士市	23109	熱田区	23345	春日町
21213	各務原市	22211	磐田市	23110	中川区	23361	大口町
21214	可児市	22212	焼津市	23111	港　区	23362	扶桑町
21215	山県市	22213	掛川市	23112	南　区	23421	七宝町
21216	瑞穂市	22214	藤枝市	23113	守山区	23422	美和町
21217	飛驒市	22215	御殿場市	23114	緑　区	23423	甚目寺町
21218	本巣市	22216	袋井市	23115	名東区	23424	大治町
21219	郡上市	22219	下田市	23116	天白区	23425	蟹江町
21220	下呂市	22220	裾野市		（以上名古屋市）	23427	飛島村
21221	海津市	22221	湖西市	23201	豊橋市		

コード	市区町村
23441	阿久比町
23442	東浦町
23445	南知多町
23446	美浜町
23447	武豊町
23481	一色町
23482	吉良町
23483	幡豆町
23501	幸田町
23521	三好町
23561	設楽町
23562	東栄町
23563	豊根村
23601	音羽町
23603	小坂井町
23604	御津町

24　三重県

コード	市区町村
24201	津市
24202	四日市市
24203	伊勢市
24204	松阪市
24205	桑名市
24207	鈴鹿市
24208	名張市
24209	尾鷲市
24210	亀山市
24211	鳥羽市
24212	熊野市
24214	いなべ市
24215	志摩市
24216	伊賀市
24303	木曽岬町
24324	東員町
24341	菰野町
24343	朝日町
24344	川越町
24441	多気町
24442	明和町
24443	大台町
24461	玉城町
24470	度会町
24471	大紀町
24472	南伊勢町
24543	紀北町
24561	御浜町
24562	紀宝町

25　滋賀県

コード	市区町村
25201	大津市
25202	彦根市
25203	長浜市
25204	近江八幡市
25206	草津市
25207	守山市
25208	栗東市
25209	甲賀市
25210	野洲市
25211	湖南市
25212	高島市
25213	東近江市
25214	米原市
25381	安土町
25383	日野町
25384	竜王町
25425	愛荘町
25441	豊郷町
25442	甲良町
25443	多賀町
25482	虎姫町
25483	湖北町
25501	高月町
25502	木之本町
25503	余呉町
25504	西浅井町

26　京都府

コード	市区町村
26101	北区
26102	上京区
26103	左京区
26104	中京区
26105	東山区
26106	下京区
26107	南区
26108	右京区
26109	伏見区
26110	山科区
26111	西京区
	（以上京都市）
26201	福知山市
26202	舞鶴市
26203	綾部市
26204	宇治市
26205	宮津市
26206	亀岡市
26207	城陽市
26208	向日市
26209	長岡京市
26210	八幡市
26211	京田辺市
26212	京丹後市
26213	南丹市
26303	大山崎町
26322	久御山町
26343	井手町
26344	宇治田原町
26361	山城町
26362	木津町
26363	加茂町
26364	笠置町
26365	和束町
26366	精華町
26367	南山城村
26407	京丹波町
26463	伊根町
26465	与謝野町

27　大阪府

コード	市区町村
27102	都島区
27103	福島区
27104	此花区
27106	西区
27107	港区
27108	大正区
27109	天王寺区
27111	浪速区
27113	西淀川区
27114	東淀川区
27115	東成区
27116	生野区
27117	旭区
27118	城東区
27119	阿倍野区
27120	住吉区
27121	東住吉区
27122	西成区
27123	淀川区
27124	鶴見区
27125	住之江区
27126	平野区
27127	北区
27128	中央区
	（以上大阪市）
27141	堺区
27142	中区
27143	東区
27144	西区
27145	南区
27146	北区
27147	美原区
	（以上堺市）
27202	岸和田市
27203	豊中市
27204	池田市
27205	吹田市
27206	泉大津市
27207	高槻市
27208	貝塚市
27209	守口市
27210	枚方市
27211	茨木市
27212	八尾市
27213	泉佐野市
27214	富田林市
27215	寝屋川市
27216	河内長野市
27217	松原市
27218	大東市
27219	和泉市
27220	箕面市
27221	柏原市
27222	羽曳野市
27223	門真市
27224	摂津市
27225	高石市
27226	藤井寺市

27227	東大阪市	28218	小野市	29362	三宅町	30392	日高川町
27228	泉南市	28219	三田市	29363	田原本町	30401	白浜町
27229	四條畷市	28220	加西市	29385	曽爾村	30404	上富田町
27230	交野市	28221	篠山市	29386	御杖村	30406	すさみ町
27231	大阪狭山市	28222	養父市	29401	高取町	30421	那智勝浦町
27232	阪南市	28223	丹波市	29402	明日香村	30422	太地町
27301	島本町	28224	南あわじ市	29424	上牧町	30424	古座川町
27321	豊能町	28225	朝来市	29425	王寺町	30427	北山村
27322	能勢町	28226	淡路市	29426	広陵町	30428	串本町
27341	忠岡町	28227	宍粟市	29427	河合町		
27361	熊取町	28228	加東市	29441	吉野町	**31 鳥取県**	
27362	田尻町	28229	たつの市	29442	大淀町		
27366	岬町	28301	猪名川町	29443	下市町	31201	鳥取市
27381	太子町	28365	多可町	29444	黒滝村	31202	米子市
27382	河南町	28381	稲美町	29446	天川村	31203	倉吉市
27383	千早赤阪村	28382	播磨町	29447	野迫川村	31204	境港市
		28442	市川町	29449	十津川村	31302	岩美町
28 兵庫県		28443	福崎町	29450	下北山村	31325	若桜町
		28446	神河町	29451	上北山村	31328	智頭町
28101	東灘区	28464	太子町	29452	川上村	31329	八頭町
28102	灘区	28481	上郡町	29453	東吉野村	31364	三朝町
28105	兵庫区	28501	佐用町			31370	湯梨浜町
28106	長田区	28585	香美町	**30 和歌山県**		31371	琴浦町
28107	須磨区	28586	新温泉町			31372	北栄町
28108	垂水区			30201	和歌山市	31384	日吉津村
28109	北区	**29 奈良県**		30202	海南市	31386	大山町
28110	中央区			30203	橋本市	31389	南部町
28111	西区	29201	奈良市	30204	有田市	31390	伯耆町
(以上神戸市)		29202	大和高田市	30205	御坊市	31401	日南町
28201	姫路市	29203	大和郡山市	30206	田辺市	31402	日野町
28202	尼崎市	29204	天理市	30207	新宮市	31403	江府町
28203	明石市	29205	橿原市	30208	紀の川市		
28204	西宮市	29206	桜井市	30209	岩出市	**32 島根県**	
28205	洲本市	29207	五條市	30304	紀美野町		
28206	芦屋市	29208	御所市	30341	かつらぎ町	32201	松江市
28207	伊丹市	29209	生駒市	30343	九度山町	32202	浜田市
28208	相生市	29210	香芝市	30344	高野町	32203	出雲市
28209	豊岡市	29211	葛城市	30361	湯浅町	32204	益田市
28210	加古川市	29212	宇陀市	30362	広川町	32205	大田市
28212	赤穂市	29322	山添村	30366	有田川町	32206	安来市
28213	西脇市	29342	平群町	30381	美浜町	32207	江津市
28214	宝塚市	29343	三郷町	30382	日高町	32209	雲南市
28215	三木市	29344	斑鳩町	30383	由良町	32304	東出雲町
28216	高砂市	29345	安堵町	30390	印南町	32343	奥出雲町
28217	川西市	29361	川西町	30391	みなべ町	32386	飯南町

32401 斐川町	34103 南　　区	35305 周防大島町	37207 東かがわ市
32441 川本町	34104 西　　区	35321 和木町	37208 三豊市
32448 美郷町	34105 安佐南区	35341 上関町	37322 土庄町
32449 邑南町	34106 安佐北区	35343 田布施町	37324 小豆島町
32501 津和野町	34107 安芸区	35344 平生町	37341 三木町
32505 吉賀町	34108 佐伯区	35461 美東町	37364 直島町
32525 海士町	（以上広島市）	35462 秋芳町	37386 宇多津町
32526 西ノ島町	34202 呉　　市	35502 阿武町	37387 綾川町
32527 知夫村	34203 竹原市	35504 阿東町	37403 琴平町
32528 隠岐の島町	34204 三原市		37404 多度津町
	34205 尾道市		37406 まんのう町
33　岡山県	34207 福山市	**36　徳島県**	
	34208 府中市	36201 徳島市	**38　愛媛県**
33201 岡山市	34209 三次市	36202 鳴門市	
33202 倉敷市	34210 庄原市	36203 小松島市	38201 松山市
33203 津山市	34211 大竹市	36204 阿南市	38202 今治市
33204 玉野市	34212 東広島市	36205 吉野川市	38203 宇和島市
33205 笠岡市	34213 廿日市市	36206 阿波市	38204 八幡浜市
33207 井原市	34214 安芸高田市	36207 美馬市	38205 新居浜市
33208 総社市	34215 江田島市	36208 三好市	38206 西条市
33209 高梁市	34302 府中町	36301 勝浦町	38207 大洲市
33210 新見市	34304 海田町	36302 上勝町	38210 伊予市
33211 備前市	34307 熊野町	36321 佐那河内村	38213 四国中央市
33212 瀬戸内市	34309 坂　　町	36341 石井町	38214 西予市
33213 赤磐市	34368 安芸太田町	36342 神山町	38215 東温市
33214 真庭市	34369 北広島町	36368 那賀町	38356 上島町
33215 美作市	34431 大崎上島町	36383 牟岐町	38386 久万高原町
33216 浅口市	34462 世羅町	36387 美波町	38401 松前町
33346 和気町	34545 神石高原町	36388 海陽町	38402 砥部町
33423 早島町		36401 松茂町	38422 内子町
33445 里庄町	**35　山口県**	36402 北島町	38442 伊方町
33461 矢掛町		36403 藍住町	38484 松野町
33586 新庄村	35201 下関市	36404 板野町	38488 鬼北町
33606 鏡野町	35202 宇部市	36405 上板町	38506 愛南町
33622 勝央町	35203 山口市	36468 つるぎ町	
33623 奈義町	35204 萩　　市	36489 東みよし町	**39　高知県**
33643 西粟倉村	35206 防府市		
33663 久米南町	35207 下松市	**37　香川県**	39201 高知市
33666 美咲町	35208 岩国市		39202 室戸市
33681 吉備中央町	35210 光　　市	37201 高松市	39203 安芸市
	35211 長門市	37202 丸亀市	39204 南国市
	35212 柳井市	37203 坂出市	39205 土佐市
34　広島県	35213 美祢市	37204 善通寺市	39206 須崎市
	35215 周南市	37205 観音寺市	39208 宿毛市
34101 中　　区	35216 山陽小野田市	37206 さぬき市	39209 土佐清水市
34102 東　　区			

39210	四万十市
39211	香南市
39212	香美市
39301	東洋町
39302	奈半利町
39303	田野町
39304	安田町
39305	北川村
39306	馬路村
39307	芸西村
39341	本山町
39344	大豊町
39363	土佐町
39364	大川村
39383	春野町
39386	いの町
39387	仁淀川町
39401	中土佐町
39402	佐川町
39403	越知町
39405	梼原町
39410	日高村
39411	津野町
39412	四万十町
39424	大月町
39427	三原村
39428	黒潮町

40　福岡県

40101	門司区
40103	若松区
40105	戸畑区
40106	小倉北区
40107	小倉南区
40108	八幡東区
40109	八幡西区

（以上北九州市）

40131	東区
40132	博多区
40133	中央区
40134	南区
40135	西区
40136	城南区
40137	早良区

（以上福岡市）

40202	大牟田市
40203	久留米市
40204	直方市
40205	飯塚市
40206	田川市
40207	柳川市
40210	八女市
40211	筑後市
40212	大川市
40213	行橋市
40214	豊前市
40215	中間市
40216	小郡市
40217	筑紫野市
40218	春日市
40219	大野城市
40220	宗像市
40221	太宰府市
40222	前原市
40223	古賀市
40224	福津市
40225	うきは市
40226	宮若市
40227	嘉麻市
40228	朝倉市
40305	那珂川町
40341	宇美町
40342	篠栗町
40343	志免町
40344	須恵町
40345	新宮町
40348	久山町
40349	粕屋町
40381	芦屋町
40382	水巻町
40383	岡垣町
40384	遠賀町
40401	小竹町
40402	鞍手町
40421	桂川町
40447	筑前町
40448	東峰村
40462	二丈町
40463	志摩町
40503	大刀洗町
40522	大木町
40541	黒木町
40543	立花町
40544	広川町
40545	矢部村
40546	星野村
40561	瀬高町
40564	山川町
40581	高田町
40601	香春町
40602	添田町
40604	糸田町
40605	川崎町
40608	大任町
40609	赤村
40610	福智町
40621	苅田町
40625	みやこ町
40642	吉富町
40646	上毛町
40647	築上町

41　佐賀県

41201	佐賀市
41202	唐津市
41203	鳥栖市
41204	多久市
41205	伊万里市
41206	武雄市
41207	鹿島市
41208	小城市
41209	嬉野市
41210	神埼市
41302	川副町
41303	東与賀町
41304	久保田町
41327	吉野ヶ里町
41341	基山町
41345	上峰町
41346	みやき町
41387	玄海町
41401	有田町
41423	大町町
41424	江北町
41425	白石町
41441	太良町

42　長崎県

42201	長崎市
42202	佐世保市
42203	島原市
42204	諫早市
42205	大村市
42207	平戸市
42208	松浦市
42209	対馬市
42210	壱岐市
42211	五島市
42212	西海市
42213	雲仙市
42214	南島原市
42307	長与町
42308	時津町
42321	東彼杵町
42322	川棚町
42323	波佐見町
42383	小値賀町
42388	江迎町
42389	鹿町町
42391	佐々町
42411	新上五島町

43　熊本県

43201	熊本市
43202	八代市
43203	人吉市
43204	荒尾市
43205	水俣市
43206	玉名市
43208	山鹿市
43210	菊池市
43211	宇土市
43212	上天草市
43213	宇城市
43214	阿蘇市
43215	天草市

43216	合志市	44208	竹田市			46529	喜界町
43341	城南町	44209	豊後高田市	**46**	**鹿児島県**	46530	徳之島町
43342	富合町	44210	杵築市			46531	天城町
43348	美里町	44211	宇佐市	46201	鹿児島市	46532	伊仙町
43364	玉東町	44212	豊後大野市	46203	鹿屋市	46533	和泊町
43367	南関町	44213	由布市	46204	枕崎市	46534	知名町
43368	長洲町	44214	国東市	46206	阿久根市	46535	与論町
43369	和水町	44322	姫島村	46208	出水市		
43385	植木町	44341	日出町	46209	大口市	**47**	**沖縄県**
43403	大津町	44461	九重町	46210	指宿市		
43404	菊陽町	44462	玖珠町	46213	西之表市	47201	那覇市
43423	南小国町			46214	垂水市	47205	宜野湾市
43424	小国町	**45**	**宮崎県**	46215	薩摩川内市	47207	石垣市
43425	産山村			46216	日置市	47208	浦添市
43428	高森町	45201	宮崎市	46217	曽於市	47209	名護市
43432	西原村	45202	都城市	46218	霧島市	47210	糸満市
43433	南阿蘇村	45203	延岡市	46219	いちき串木野市	47211	沖縄市
43441	御船町	45204	日南市	46220	南さつま市	47212	豊見城市
43442	嘉島町	45205	小林市	46221	志布志市	47213	うるま市
43443	益城町	45206	日向市	46222	奄美市	47214	宮古島市
43444	甲佐町	45207	串間市	46303	三島村	47215	南城市
43447	山都町	45208	西都市	46304	十島村	47301	国頭村
43468	氷川町	45209	えびの市	46323	頴娃町	47302	大宜味村
43482	芦北町	45301	清武町	46344	知覧町	47303	東村
43484	津奈木町	45321	北郷町	46345	川辺町	47306	今帰仁村
43501	錦町	45322	南郷町	46392	さつま町	47308	本部町
43505	多良木町	45341	三股町	46404	長島町	47311	恩納村
43506	湯前町	45361	高原町	46421	菱刈町	47313	宜野座村
43507	水上村	45362	野尻町	46441	加治木町	47314	金武町
43510	相良村	45382	国富町	46442	姶良町	47315	伊江村
43511	五木村	45383	綾町	46443	蒲生町	47324	読谷村
43512	山江村	45401	高鍋町	46452	湧水町	47325	嘉手納町
43513	球磨村	45402	新富町	46468	大崎町	47326	北谷町
43514	あさぎり町	45403	西米良村	46482	東串良町	47327	北中城村
43531	苓北町	45404	木城町	46490	錦江町	47328	中城村
		45405	川南町	46491	南大隅町	47329	西原町
		45406	都農町	46492	肝付町	47348	与那原町
44	**大分県**	45421	門川町	46501	中種子町	47350	南風原町
		45427	北川町	46502	南種子町	47353	渡嘉敷村
44201	大分市	45429	諸塚村	46503	上屋久町	47354	座間味村
44202	別府市	45430	椎葉村	46504	屋久町	47355	粟国村
44203	中津市	45431	美郷町	46523	大和村	47356	渡名喜村
44204	日田市	45441	高千穂町	46524	宇検村	47357	南大東村
44205	佐伯市	45442	日之影町	46525	瀬戸内町	47358	北大東村
44206	臼杵市	45443	五ヶ瀬町	46527	龍郷町	47359	伊平屋村
44207	津久見市						

全国市区町村コード表　125

47360　伊是名村
47361　久米島町
47362　八重瀬町
47375　多良間村
47381　竹富町
47382　与那国町

〔改訂5版〕
宅建業免許・登録の手続

1990年5月24日　第1版第1刷発行
2002年9月10日　第5版第1刷発行
2007年4月25日　第5版第2刷発行

監修　国土交通省総合政策局不動産業課不動産流通適正化推進室
編著　宅地建物取引業免許制度研究会

発行者　松　林　久　行
発行所　株式会社大成出版社
東京都世田谷区羽根木1—7—11
〒156-0042　電話　03（3321）4131㈹
http://www.taisei-shuppan.co.jp/

©2002　宅地建物取引業免許制度研究会　　印刷　信教印刷
落丁・乱丁はおとりかえいたします。

ISBN978-4-8028-8816-5

大成出版社図書のご案内

ケース別に分かりやすく物件調査・書面作成・対面説明を解説!!

実　践
重要事項説明の手引

編　著■重要事項説明書研究会
（代表：不動産鑑定士　吉野　伸）

■　重要事項説明の3つの仕事　■

ポイント

1．「調査・確認」のために
現地の調査・資料収集の仕方をサポート

2．「書面作成」のために
記載例を多数（約170事例）登載

3．「対面説明」のために
現場のやり取りを想定した会話形式を採用

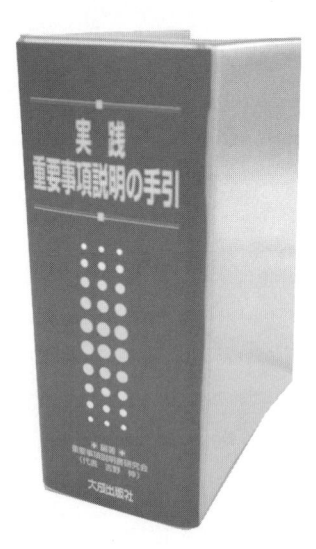

B5判・加除式・全1巻
定価8,925円（本体8,500円）
図書コード7005・送料実費

もしマンション生活でトラブルが起きたら！そんな時のための判例集。

マンション管理規約関係判例集

編　著■升田　純（弁護士）
編集協力■社団法人　高層住宅管理業協会
　　　　　財団法人　マンション管理センター

ポイント

◆ 国土交通省が定めたマンション標準管理規約に関連した判例を条文ごとに登載。
◆ 管理組合が抱える問題の解決プロセスを示す250件以上の厳選判例。

A5判・加除式・全1巻
定価8,400円（本体8,000円）
図書コード7003・送料実費

【判例編】
・マンション標準管理規約の意義と概要
第1章　総　則
第2章　専有部分等の範囲
第3章　敷地及び共用部分等の共有
第4章　用　法
第5章　管　理
　第1節　総　則
　第2節　費用の負担
第6章　管理組合
　第1節　組合員
　第2節　管理組合の業務
　第3節　役　員
　第4節　総　会
　第5節　理事会
第7章　会　計
第8章　雑　則
附　則
【法令編】
・建物の区分所有等に関する法律
・マンション標準管理規約及び
　マンション標準管理規約コメント
【索　引】
・時系列索引

株式会社　大成出版社

〒156-0042　東京都世田谷区羽根木1-7-11
TEL 03-3321-4131　FAX 03-3324-7640
ホームページ　http://www.taisei-shuppan.co.jp/
※ホームページでもご注文いただけます。